講談社文庫

太平洋戦争・日米開戦前夜

世紀の愚行

日本外交失敗の本質

リットン報告書からハル・ノートへ

太田尚樹

講談社

太平洋戦争・日米開戦前夜

世紀の愚行　日本外交失敗の本質

リットン報告書からハル・ノートへ

目次

第一部　震源は満州　リットン報告書から　一九三二～一九四〇年

日本人はなぜ戦争を始めたのか？

GDP4倍の相手に挑み、全国を焦土とし、推計戦没者軍民三百十万人。戦死者の約六割が病死・餓死だったという。

〈戦争になれば、悲惨な結果になることがわかっていた対米戦なのに、あえて踏み切ったのはなぜだろうか？〉は、多くの日本人に疑問として残っている。アメリカとの戦争は、世界を相手に戦うことに等しい。〈何ゆえ日本から打ってでたのか〉は、未解決のままだ。当時最後通牒《つうちょう》とされてきたハル・ノートは、日本にとって本当に〈万事休す〉の宣告だったのか。

ハル・ノートをあくまで叩き台に交渉継続し、開戦回避ができれば、米ソ冷戦構造の中、20世紀中盤に重要なプレイヤーとなることも可能だった。満州事変から最終局面にいたる外交交渉過程には数々の愚策が重なり、冷静で明晰な対応がとられることなく、外交という国際政治の舞台で身動きがとれなくなった。

このことでアメリカ側を取材していくうち、いくつかの驚くべき事実に出くわすことになった。その一つが、ハル国務長官の背後で暗躍していた、ソビエトの不気味な存在である。

日本の歴史上、最大の悲劇を味わった先の大戦では、どこをどう読み違えたのか、それには何が足りなかったのかが問題になるが、根の部分にあったのは外に向けた日本人の思考構造が原因していたとみるほかはない。

情報が命であった遊牧民を先祖にもつ欧米諸国と、さしたる情報を必要とせず、その日の天候や田んぼに水がきているかのような、視界内の事象に最大の関心を払ってきた農耕民を先祖にもつわれわれ日本人の特質が、近代戦、情報戦に不向きだったということなのか。戦略と論理のなさ、指導部から一般国民まで国を挙げてなぜ思考停止となり、壮絶な惨禍を招くことになったのか？

日本が仕掛けた満州事変から日米開戦までの歩みを追いかけながら、特に日本外交が犯した世紀の誤謬《ごびゅう》を明らかにしたい。

日本に向け押し寄せようとしていた大波の発生源・満州からこの物語は始まる。

太平洋戦争・日米開戦前夜

世紀の愚行

日本外交失敗の本質

リットン報告書からハル・ノートへ

第一部

震源は満州

リットン報告書から　一九三二〜一九四〇年

一九三二年（昭和七）満州国建国とリットン調査

リットン調査団の来日

一九三二年（昭和七）という年は、満州国建国の年にあたる。東洋の小さな国日本が、大陸に進出した年であり、それはまた、世界史のうずの中に巻きこまれていった年でもあった。テーマは満州であった。

この年の二月十三日朝九時、米国ダラー汽船の豪華客船プレジデント・クーリッジ号が、横浜に向けてサンフランシスコを出港していった。船客は思い思いに上甲板や船室の前の甲板から、朝の陽光の中にたたずむなだらかな丘や白い街並みを食い入るように見つめていた。

ドイツ人の船客ハインリッヒ・シュネーがヴィクター・リットンに話しかけた。

「わたしが以前にみたサンフランシスコの光景は、それはきれいでしたよ。今でも記憶にはっきりと焼きついていますけどね」

「確か一九〇六年でしたか。あの震災で受けた傷から、まだ立ち直れていないのでしょうな」

アメリカ人のマッコイ将軍が話に加わってきた。

「地震といえば、わたしはトーキョーで関東大震災をつぶさにみていますよ。体験したのかですって？　いえ、わたしはあの大震災の直後、アメリカからの救援活動の指揮をとるために、政府から送られて、家内といっしょに二年ほど滞在したことがあるのです。日本の家屋は木と紙でできていますから、ほとんど燃えてしまっていました。その後の復興はめざましいと聞いていますから、見るのが楽しみです」

この船には、蔣介石《しょうかいせき》から満州事変以後の満蒙《まんもう》問題の提訴をうけて、ジュネーブの国際連盟から送り出されたリットン調査団一行五人が乗り込んでいた。イギリスの枢密顧問官リットン卿《きょう》を団長に、フランス代表クローデル陸軍中将、イタリア代表の外交官アルドロバンディ伯爵、ドイツ代表の国会議員シュネーの面々である。

調査団の中にもう一人、注目すべき人物が送りこまれていた。これがさきのアメリカ人マッコイ陸軍少将であった。

「アメリカは国際連盟の加盟国ではありませんからね。それでオブザーバーの資格で参加しているというわけです」マッコイは、仲間にそう自己紹介した。

一行はまず日本に立ち寄り、各界の指導者と会談して、満州をどうしたいのか、意見を聴取することになっていた。それから上海《シャンハイ》、南京《ナンキン》、北京《ペキン》を経由して満州の現場に向かう。その報告書の内容が、いずれ世界の動きを左右することになる。

団長を務めるヴィクター・リットン卿はこう自己紹介したという。

「わたしは父親がインド総督時代に、シムラで生まれましてね。政治家の傍ら『ポンペイ最後の日』を書いたエドワード・リットン伯はわたしの祖父にあたります」

以来、調査団一行の何人かは、「サー・リットン」と、半分敬意と、あとの半分は、ひやかしで呼んでいた。背が高く知的で彫りの深い顔をしたサー・リットンは、このとき五十五歳。白い縦縞《たてじま》の入った濃紺のダブルの背広をグレーのコートに包んだ、みるからに英国紳士の雰囲気をただよわせていた。

リットンを送り出したイギリスは、国際連盟を主導する立場からも、今回の満蒙問題には当事者の日本、中国、建国間近な満州国の間に立って、穏便にまとめたいところであった。ドイツ、フランスは日本に好意的なうえに、イタリアも将来的には日本側になびく可能性があった。そうなると、満州国に最も神経を注いでいたのは、アメリカということになる。

総勢五人のメンバーの中に、軍人が二人いるが、事変とその後の現地の実態を調べるには、軍事畑に明るい人間が不可欠だったためとみられる。キナ臭い満州は、世界の火薬庫に発展する可能性さえ秘めていたからである。

船がサンフランシスコを出港するとまもなく、ジュネーブの国際連盟事務局からリットン団長宛てに無電が入りだした。どれも思わしくない情報ばかりだった。

リットンはある日の夕食時、みんな揃《そろ》ったところでこう伝えた。

「今日も連盟本部からは、この一月末から始まった、日支相撃つ上海事変（第一次）の続報につづいて、血盟団によるテロが続発している日本の不穏な空気を伝えてきていますぞ」

一行を待ちうける中国でも、中共（中国共産党）が扇動する反蒋介石の動きが活発化していた。

「〈今こちらに向かっている帝国主義の首魁《しゅかい》リットン調査団を殲滅《せんめつ》せよ〉なんていう物騒な文書が各地ででまわっていることも、伝えてきています」

と言って、リットンは首をすくめた。

一行を狙撃したり、爆殺するとさえ噂《うわさ》されたが、その中には、元憲兵大尉で満州の黒幕と怖《おそ》れられている、あの甘粕正彦《あまかすまさひこ》の名前まであがっていた。彼ほどの有名人ともなれば、噂が噂をよぶのは宿命ではあるだろう。満州はもとより、上海や北京、南京、天津《テンシン》あたりでも、不穏な空気が流れていたのは事実であった。

これは一行がシベリア鉄道で満州から帰国の途につく直前のことだったが、

「満ソ国境に近づくにつれて日本側の警備が手薄になったとたん、鉄道のレールが匪賊《ひぞく》によって爆破されていたり、飛行機を使ってかなりきわどい脱出劇を演じたこともあったのです」と、シュネーが報告していたことからも裏付けられる。

船が途中ホノルルに寄港して横浜に着いたのは、二月二十九日朝のことであった。

大歓迎した日本の事情

一行が来日した翌三月一日には、もう一つのビッグ・ニュースが日本国中に流れた。というより、世界をアッといわせたニュースであった。新しい首都に定められた新京（現長春）で、盛大な満州国建国の式典がとり行われる日だったのである。前年九月十八日、奉天（現瀋陽《しんよう》）郊外の柳条湖付近で満鉄線の一部が爆破された柳条湖事件が拡大して、満州全土にわたって関東軍が制圧した満州事変。そしてこの日の建国式典にいたる一連の行動に、リットン調査団は国際連盟の立場からどんな裁定をくだすのか。張作霖《ちょうさくりん》亡き後、息子の張学良率いる奉天軍の日本人居留民にたいするテロ行為を排除した満州事変の正当性を訴え、建国した満州国が正当な独立国家であることを認めてもらいたい日本。

そのためもあって、横浜の大桟橋には盛大な出迎えが待ちかまえていた。赤レンガ倉庫の一画には、プラットホームとレールの一部が今も残されているが、リットン調査団が乗り込んだ特別列車は、ここから東京に向かった。

東京駅から坂下門に向かう行幸通りの沿道には、日の丸と、五族協和を模した五色の満州国の小旗を打ち振る市民であふれていた。近衛《このえ》騎兵に先導された一行は、四頭立ての馬車で宮城に向かった。近衛兵《このえへい》が高々と吹奏するラッパの音が流れる中二重橋をわたり、宮殿についた。

謁見の間では一人ひとり、軍服姿の天皇の前に進みでて三度お辞儀をし、引見の儀式は終わった。そのあとは、盛大な天皇主催の宮中晩餐《ばんさん》会を皮切りに、一行は犬《いぬ》る。養毅《かいつよし》総理、三井財閥の大番頭団琢磨《だんたくま》など政財界、軍の指導者たちと精力的に接触する。

総理官邸に犬養毅を訪ねると、リットンらには枯れ木のような風貌に映ったが、射るような眼光が印象的だった。「他国の領土をおかすことはまかりならん」を持論にしていた犬養は、表情をゆるめると、

「この寒い時期に、しかも支那が混沌《こんとん》としているときに来ていただいたことは、まことに残念です」と言った。

かつて日本に亡命中の孫文と、欧米の侵略を排除して、アジアはアジア人の手での大アジア主義で意気投合していた犬養は、後継者の蔣介石とも親しく交わり、その志を高く評価していた。したがって、「支那が混沌としているときに……」は、落ちつきをとり戻した状態を見てやってほしかった、という意味のようである。

そこでリットンは、現在、日本が進めている満州国の建設と、犬養総理との間に、隔たりがあることに気がついた。

「満蒙問題をどう平和的に解決するか、現在の世界的経済不況をどう克服するのか、われわれは目下全力をあげて研究中です。日本だけでなく、支那も満州もつぶ

さに見ていただき、公正な判断をお願いします」と、犬養は言って一行を送り出した。

小柄で愛嬌《あいきょう》のある団琢磨は、通訳を介さずに調査団に流暢《りゅうちょう》な英語で、「支那も満州も、日本だけでなく世界にとって大事な経済活性化の相手国ですからね。今回の問題も平和裏に解決されることを願っています」と、経済人らしい物言いである。

一行には、犬養内閣で陸相を務める荒木《あらき》貞夫《さだお》大将との会見はよほど印象的だったらしい。彼らはジュネーブを発《た》つ前から、日本の指導者たちがどんな思想の持ち主で、満州をどうしたいのか、個々の考え方を事前に研究していた。調査団は、天皇の軍隊を皇軍と呼ぶようになったのは荒木であり、皇道派のドンとして君臨していることも知っていた。

彼らが荒木貞夫を陸相官邸に訪ねたとき、ドイツのシュネーは、「アラキはモンゴル風の顔付きをしているね。黒い口髭《くちひげ》を生やしていて、笑うと目じりのシワがユーモラスな感じのひとだなあ」とささやいた。

リットン卿は荒木に向かって、

「ジェネラル・アラキは中国駐在が長かったと聞いていますが、中国人と日本人の国民性の違いをどうみていますか？」

とたずねた。すると、にっこり笑って目じりにシワを寄せた荒木は、

「日本は国土がせまく、台風や地震などの自然災害にたびたび遭っていますからねえ。ですから国民は忍耐力が強く、人を頼らない自立の精神が旺盛です。それに引きかえ支那人は、広大で肥沃な土地をもっていますから、物事の解決を急いだりせず、引きのばしたり、他人の力に依存する傾向があります」

と言ってから、自身の体験談を語りはじめた。

「わたしが支那にいたときのことです。道の真ん中で通行人に聞こえるように大声をあげて泣いている、支那人の子供をみかけたのです。そこでわたしが近よってわけをたずねると、その子は両親が夫婦ゲンカをしているからだと答えたのです。日本の子供なら、こんな振る舞いをして他人の同情を引こうとはしませんな。日本の子供は人に隠れてひっそりと泣きます」

一行の目には、「アラキは、中国人は日本人よりも忍耐力が弱いと見ている」とうつったが、子供を引きあいにだした荒木は、――支那人は日本人と違って宣伝がうまいから、気をつけていただきたい。このたびの満州でのゴタゴタでも、自分た

ちに有利に事が運ぶように、あらゆる手を使ってきますから――。

荒木は子供の話だけで、あとはお察しください、と言いたかったのである。

銃後の光景と五・一五事件

東京の繁華街にでかけた一行は、めずらしい光景に出会った。

駅や橋のたもとで、女性たちが行き交う女性に声をかけて、木綿の白い布に赤い糸で結んでもらっていた。頼んだ女性、頼まれた女性の真剣な目つきに心打たれたらしい。

「あれは千人針といって、満州の戦地に行っている夫や兄弟、恋人の無事を祈って、千人の寅年《とらどし》生まれの女性に、一針ずつ縫って、結び目を作ってもらっているのです。トラは千里の野を行って千里を帰る、のたとえがあるのです。それに〝結ぶ〟行為には、古来、特別な霊力があると信じられているからですよ」

彼らに同行している外務省の職員が説明すると、すかさずリットンが、

「穴の開いているコインを縫いつけてもらっている人もいましたが……」

とたずねた。すると、

「五銭玉と十銭玉ですね。五銭は死線（四銭）を越える、十銭は苦戦（九銭）を越えるという意味で、縁起がよいとされているのです」と教えられた。

このときリットンは、「ハハーン」とほほ笑んで、うなずいたそうだ。

アメリカ代表のマッコイ将軍は、大正後期に二年間日本に滞在したことがあった。しかし彼は、「千人針の光景は初めて見ました」と随員たちに話した。

満州事変勃発を契機に広まった風習だったからである。事変が起きると、ただちに結成された国防婦人会が発案して、率先して広めたらしい。


日本の不穏な空気は相変わらずだった。太平洋を一行が横浜に向かう直前の二月九日には、〝一人一殺〟の血盟団によって、井上準之助《いのうえじゅんのすけ》蔵相が殺害されていた。彼らが東京で三井財閥の大番頭団琢磨と会談した二日後の三月五日には、その団がまた血盟団の凶弾に倒れた。これでは「混乱する中国」、どころではなかった。それでも調査団一行は、満州に直行せず、日本側の要請に従って、中国の実情の視察に、上海、南京、北京を見てまわった。

一行は北京を四月十九日の夜行で発ち、翌朝、万里の長城の東の端「山海関」に近い秦皇島《チンホアンタオ》で下車すると、町外れの港で日本の駆逐艦と中国の巡洋艦に分かれて乗り込み、大連に向かった。陸路での満州入りを避けたのは、国境の町山海関で、中国側から満州側への護衛の引き継ぎに、双方の事前協議がうまくいかなかったからである。だが本当の理由は、そうではなかった。

中国側からそのまま列車で満州入りされると、調査団一行に「満州は中国の一部」という印象を与えてしまう恐れを、日本側が危惧したのである。

だがその後、総理公邸に乱入した海軍士官らに、「問答無用」と犬養が殺害された五・一五事件を、一行はハルピンで聞くことになる。

気骨あふれる明治人犬養と襲撃した軍人たちのやりとりは、東京のアメリカ大使館からジュネーブの国際連盟事務局を経由して、詳細が伝えられた。

「わたしたちが会見したあの部屋で、犬養総理は殺害されたのだ！　軍人の起こす事件には、そんな不毛な言葉しか残されていないのは、どういうことですかな」

と、リットンは、やりきれないといった表情で、小さく呟《つぶや》いた。

大連の港で調査団の到着を待っていたのは、警護隊長の甘粕正彦であった。甘粕はまず一行を大連駅に案内し、そこから満鉄の特別列車で、奉天に向かった。

異界の満州と男装の麗人

「本来、支那と満州は別の国なんだよ。ボクは北京生まれだけど、支那人じゃない。今は便宜上、日本人として振る舞っているけど、れっきとした誇り高い満州人なんだ」

これが、愛新覚羅家の王女川島芳子《よしこ》のクチグセだった。

「なのに何ゆえ蔣介石の国民党が、〝満州事変の当事国〟なのか、ボクには解《げ》せないよ」

芳子は板垣征四郎（関東軍高級参謀、大佐）に向かって言ったことがある。この日も、二重重ねの重箱に詰めた、手のこんだ手作りの弁当を、奉天にある臨時軍司令部の板垣に届けながら、話しこんでいた。

「芳子ちゃんにはいつもすまないねえ」

といって大ぶりの海老《えび》フライをうまそうに口に運びながら、

「いずれ国連総会がジュネーブで開かれるから、ボクは代表団に選ばれなくても、独りで応援に行くつもりでいるよ。ここまできたら、もう後には引けないからね」

「あのリットンの爺《じい》さんたち、満州と支那は別の国だとわかっているのかな。わかっているなら、日本から満州に直行するはずなのに」

「芳子ちゃんにはいずれやってもらうことがあるから、まあしばらく推移をみていてごらん。ちょっと、でっかいことを計画中なんだ。熱河を押さえに軍を動かすんだが、今甘粕（正彦）クンの部下と特務機関に現地の情報を集めさせている。芳子ちゃんには、後方の別動隊として、一軍を率いてもらうつもりだよ」

と言ってニッコリ笑った。

実際芳子が、三千の軍を率いて出陣するのは、一年半後のことである。

熱河は万里の長城の北の河北省から、満州の遼寧《りょうねい》省にまたがり、さらに内モンゴルまでつづく広大な大地である。勘のいい芳子は、――これは単なる領土の拡大ではない。阿片《アヘン》の産地の熱河を関東軍は押さえにかかるつもりだな――と、察した。

「わー、さすがは満州の西郷《さいごう》（隆盛）さんといわれるだけあって、板垣のパパはやることも大きいし、人を立てることを知っている」

それには苦笑いしながら、板垣は話をリットン調査団に戻すことにした。

「あの一行に支那も見てほしいと荒木（陸相）さんに進言したのは、ボクと石原なんだよ。いかに混乱しているか、実情を見てほしいからさ」

満州事変と石原莞爾《いしはらかんじ》

満州の別称である東三省、つまり奉天・吉林・黒竜江一帯を昭和初期まで支配していたのが張作霖《ちょうさくりん》だった。馬賊の頭目である。この張を爆殺した張本人が河本大作《こうもと》だった。天皇の叱責をうけたあと、満州に舞いもどった河本は、昭和七年（一九三二）には早くも満鉄理事に納まり、四年後には満炭（満州炭坑）の理事長という出世ぶりだった。

河本はあるとき、在満経済界の会合で、こんな話を披露している。

「張作霖は日露戦争で、ロシア軍の別動隊としてゲリラ活動していたのを、日本軍が捕まえて首をはねようとしていたんです。それを田中閣下（義一・後首相）が救い出して日本軍につけてから、よく働きましたよ。その後も関東軍の庇護《ひご》の下にありましたが、しばしば北京に攻め上っては、負けるとまたのこのこ奉天に戻ってきていたのです。われわれはあの男を土の中に潜っている、モクタ蟹《かに》と呼んでいたんです。水温が温かくなるとぬくぬくと這《は》いでてきて、寒くなるとまた隠れてしまう。ところが辛亥《しんがい》革命で溥儀《ふぎ》が北京を追われたあとは、いくつかの軍閥が、北京をめざしていました。その中に孫文亡き後を引き継いだ蔣介石がおったわけですが、張作霖は関東軍から離れて、北伐を完遂して中華民国を打ち立てた蔣介石と、手を結ぼうとしていたんです。そこでわれわれ（関東軍）としては、これは見逃すわけにはいかんから、まあわたしが中心になって、彼を始末してしまったんです。昭和三年（一九二八）六月のことでしたか。わたしが丸腰になって、今みなさんの前に立ってお話ししているのは、そのためなんです」

ところが、後継者となった息子の学良は、当然のことながら関東軍に反感をいだいていた。そこで東三省を中華民国に委ねてしまった。満州が、中華民国の一部となってしまう新事態の発生である。これが蔣介石には「満蒙は中華民国の一部」の根拠になった。

満州経営にかかわっていた松岡洋右《まつおかようすけ》が、側近たちにいっていたことがある。

「張作霖をやってしまったのはまずかったなあ。もう少し甘い汁を吸わせて、関東軍側に引きつけておいたほうがよかったんだ。軍人は単細胞だから、その先が読めないんだな。蔣介石にみすみす〈満州は中華民国の一部〉、なんていう口実を与えてしまったんだから」

石原莞爾が内地で宣伝していた文句とは少し異なるが、これで関東軍は満州事変に打ってでた。事変の合間に陸軍機を飛ばして、奉天から東京の立川に出てきた石原は、『時局　特別講演』と題して、内地の大都市を演説してまわっていた。

「満州の地は政治的には支那から支配を受けておりますが、支那本土ではありません。そこには朝鮮人、満州人、蒙古人《もうこじん》が住み、明治以後になると日本人も多く入りましたが、漢民族は南の小部分にしかいないのでありまして、これは満州の居留民の一割にも満たないのが実情です。いわば満州の地は、諸民族共同の財産なのであります。その満州が、政情不安定な支那から不当な政治的支配を受けてきた。でありますから、彼らは何とかして自分たちの手でやっていこう、何か事あれば、支那本土から離れて独立しようという気運が、一般民衆の中にも強かったのです。これを手助けしようというのが日本なのであります」

と言ってから、『五族協和』『王道楽土』のキャッチフレーズを連呼する。これらは、奉天で歯科医院を開業していた小澤開作が懇意にしている板垣征四郎、石原と三人で酒を飲んでいるときに考えついたものだった。小澤は満州の宣伝機関『満州国協和会』の発起人名簿に名を連ねている、かなりの国士だった。

「五族協和と王道楽土か。おおこれはいいねえ」と石原が、そこに板垣が、「うん、これでいこうじゃないか」となった。三人が盛り上がっていると、小澤宅から電話が入って、「今男の子が生まれました」と知らせてきた。すると小澤はポンと膝をたたいて、「ではあなたがたから一字ずつ、もらいうけましたよ」となって、後のオーケストラ指揮者小澤征爾《せいじ》が誕生した。

内地を講演してまわっていた石原は、いつも締めくくりに、

「英仏独を合わせた国土より広い沃野が、みなさんを待っているのであります。志あるものは、来たれ大陸へ」とブチあげた。

その数年後から、自分の土地をもたない大勢の農民、青年団が満蒙開拓団として大陸に渡っていった。彼らには終戦後の引き上げの際に悲劇が待ちうけているのだが、呼びかけた張本人は、紛れもなくこの石原だった。

一九三三年（昭和八）　痛恨の国際連盟脱退

長州の志士　岸信介《きしのぶすけ》と松岡洋右

昭和八年（一九三三）は九月も半ばに入っても、まだ暑さがつづいていた。岸信介が工務局工政課長の席で額の汗をぬぐいながら、決裁書類に目を通していると電話が鳴った。親戚筋の松岡洋右からだった。

「信介か。忙しいところすまんが、今夜七時、築地《つきじ》の新喜楽にきてくれないか。大事な相談があるんだ。離れの部屋を、オレの名前でとってある」

岸信介の家系をみると、信介は十五歳で、父秀助《ひですけ》の生家岸家に婿入りした。だが実際には山口中学を出るまで、佐藤信介のまま生家を生活の拠点にして育った。岸家の長女良子《よしこ》と生活を共にするのは、上京して一高の寮生活を一年経験したあとの二年目に、一軒家を借りてからである。このときから岸信介は、岸家の当主となった。

一方、松岡洋右は、もともとは信介の母佐藤茂世《もよ》の遠縁にあたる人だった。その後、松岡の妹藤枝が茂世の弟佐藤松介《まつすけ》（岡山医専教授）と結婚してできた一人娘が寛子《ひろこ》。のちに佐藤栄作の妻になる人である。

松岡は自分の妹と佐藤家の当主松介の結婚に、熱心に動いたといわれた。一つには、佐藤家は幕末から維新にかけて活躍した、長州藩士の流れをくむ家柄だったことによるらしい。実際、伊藤博文《いとうひろぶみ》が信介の曾祖父佐藤信寛《のぶひろ》を訪ねてきて、酒を飲みながら、天下国家を論じ合っていることもあった。だがもっと大きな理由は、佐藤家はどっちを向いても、秀才ぞろいだったことである。信介は男三人兄弟の真ん中で、ほかに姉や妹が七人いたが、十人揃って学校の成績は飛び抜けていた。

ちなみに長男市郎は海軍史上、彼の右に出る者はいないといわれたほどの秀才であった。弟二人は総理大臣にのぼりつめたが、市郎は出世や政治に関心がまるでなく、中将で退役して晴耕雨読の生活を送ることになる。ロンドンの海軍軍縮会議予備交渉では山本五十六《やまもといそろく》の下で働いたが、退役するのを惜しんだ山本が、「あまりの秀才には、居心地悪き世界だったかもしれない」と書簡を送ってきた。

松岡には、佐藤家の子供たちが自慢の種だった。

「特に男三人の中では、頭は上にいくほどよく、腹は下にいくほど据わっている」

と言ったのは、松岡である。


岸が円タクをひろって築地の新喜楽に乗りつけると、松岡はまもなくやってきた。いつもの自信家の様子が違っていたので、

「そろそろリットン報告書が出るはずですが、思わしくない内容のようですね」

と当たりをつけると、果たして岸の予想はあたっていた。

「外務省に様子を探らせたんだが、厳しいことを言っているらしい。リットンが正式に報告書を連盟事務局に提出したら、オレはジュネーブに行くことになるが、その前に、信介の率直な意見を聞いておきたい」

顔なじみの仲居がビールを運んでくると、二人は冷たいビールをグラスいっぱい飲みほしたところで、岸がおもむろに言った。

「報告書の中身は、支那と日本双方のバランスをとったものになるはずですね。しかし大事なことは、罰則規定なんか盛り込まれていないということです。連盟にはそんな権限はありませんからね。そうなると、連盟が日本に提示してくるのは、勧

告案にすぎません。日本はそれをどう受け入れるかです。関東軍の連中は、日本の代表団に押せ押せで行けと、ハッパをかけてくるでしょうが、そんなものに動じてはだめですよ」

「あとでゴタゴタしたくないから、オレは急先鋒《きゅうせんぽう》の石原（莞爾）を連れていく。もちろんオレはオレで、日本の正当性を主張してがんばるさ。しかし問題は、どこに着地点を置くかだな。そこのところを、オマエはどうみているんだ」

岸は松岡と違って、外交の専門家ではない。しかし産業開発計画の立案と指導能力では、霞ヶ関《かすみがせき》にもこの若い岸信介の右に出る者はいない。それにドイツをモデルにした国家統制理論を、帝大時代から研究してきたことも知っていた。

松岡は外交官から転じて、大正中期から満州経営にかかわってきた男であった。満鉄の副総裁も務めたが、これからの厳しい国際情勢の中で、どう舵《かじ》とりをするのか。岸が言いだす前に、せっかちな松岡が言葉をかぶせてきた。

「行きづまった日本の産業の打開に、オマエの国家統制理論、経営論を満州で試してみたいと言っていたな」

岸はうなずいてから、あらためて松岡を見つめ直した。

「しかし国際的に孤立したらやれないですよ。やってできないことはありませんが、限界がある。だからアメリカを日本側に引き込むのがベストです。そうなれば、国際連盟の裁定なんか、もとより問題じゃないですよ。だからといって、国際連盟脱退は絶対ダメです。日本は孤立してしまいますからね。味方を徐々に増やしていけば、情勢がかわってきます」

「だがな信介。オレはアメリカをまったく信用していないんだ。これからの日本が共同歩調をとる相手には、ドイツのほうがいいと思わないか」

「叔父さんはアメリカで長く苦学してきたから、あの国の欠点ばかり目についているんですよ。力ずくで相手を屈服させる国民性とか、人種差別……特に黄色人種を見くだす視線が」

「そこへいくと、ゲルマン民族は信用できる。というより、日本人と相性がいいんだ」

「確かにドイツ人はきまじめで勤勉ですよ。それに資源のない国なのに、優れた科学技術と、軍民一体の国家体制で勢いを盛り返している。わたしもそれはしっかり見てきたつもりです。しかし生産力では、ドイツも日本も、アメリカにはとてもじゃないが太刀打ちできませんよ」

とまでいってから一息つくと、岸は結論を言った。

「だから日本としてはですよ。ドイツ方式をとりいれながら、アメリカのいいところを利用したほうが得策だということです。今はもう石油の時代ですから、アメリカの豊富な資源と、ドルの威力を利用すればいいんですよ」

岸はなお松岡に言いふくめるように言った。

「アメリカには、英国のような歴史的にも一枚岩の国がついていますからね。だから連盟の裁定が出たあとは、ドイツが台風の目になって、いずれヨーロッパは分裂していくはずです。世界は二極化の流れですから、どちらの流れにのるのか、そこがポイントです。だから連盟脱退は、最後の最後に残された非常手段です」

松岡は、岸の結論にうなずいた。さすがに先の先までこの男は読んでいる。

「オマエのおフクロさんは、女にしておくのはもったいないような政治家だったが、その資質を受け継いだのは信介だな」

今目の前にいるそんな岸の成長ぶりに、松岡は舌を巻いていた。今さら始まったわけではなかったが、今日はこの上なく頼もしい存在に映っている。そこで信介を見すえると、

「何といっても、満州は日本の生命線だからな」

とまで言ってから、あらためて、言い直した。

「この問題で、ジュネーブの連盟理事会総会に代表団を引きつれて交渉に行くことになったのも、長州人のオレに課せられた運命なんだ。オマエも満州国の舵とりとして、出ていく日も近い。お互い長州人のオレたちに、天命がくだされたということだよ」

と、一気にまくしたてた。

「満州は、日本開闢《かいびゃく》以来の重大な問題ですからね。国際的な圧力が強くなるのは必至ですから、叔父さんも、流れの行き先を読み間違えないでください」

松岡の思考の組み立てがシンプルで、感情に左右されやすいところが、岸は心配だったのだ。そこで先人の言葉で念を押しておくことにした。

「流れを冷静に読んで、自分が正しいと思ったら、松陰先生の言葉を思いだしてください」

長州に伝わる教えは、後々まで若者たちに受け継がれ、もちろん松岡洋右も岸信介も、この吉田松陰の精神にあと押しされて、世に出てきた。今も山口県下の学校には、『自ら顧《かえり》みてなおくんば、千万人といえども我行かん』の額が、教室に飾られている。

二人は杯を重ねているうち、話はリットン報告を受けたあとの満州経営になった。

「連盟の裁定がどうでても、日本はもうあとには引けないから、行け行けドンドンでいくよりほかはない。そこでだ。オレは関東軍を増強させて、そうだなあ、百万ぐらいの勢力を常時駐屯させて、既成事実を作ってしまうのがいいと思う。ソ連への守りにもなるからな。今度、永田（鉄山）と東条《とうじょう》に会ったら、進言してみるつもりだ」

しかし産業開発の命題を負った岸には、別の思惑があった。

「増派して関東軍の勢力を強化するのはいいとして、満州の工業生産がさっぱり伸びないのは、あれは軍がのさばっているからですよ。あれじゃあ、企業も満州に移転させづらいし、資本家も投資しません」

そのことは松岡も知ってはいたのだが、軍とうまくやっていくため仕方のないことだと決めこんでいる。

「なにしろ板垣も石原も、自分たちが血を流して建国した満州だ。あとからノコノコきた文官や、甘い汁を吸いたがっている企業の経営者には、口だしさせない、って言うんだからね。オレも満鉄副総裁のころは苦労したよ」

岸は、松岡という男は表向きには豪放磊落《ごうほうらいらく》にみえても、意外に気が弱いことを見抜いていた。部下の使いかた一つみても、大声をだして指示したり、むきになりやすい。だから、側近にイエス・マンを置きたがる。岸は、やや方向を変えて、松岡に向かってこんなことを言った。

「山本五十六は、いずれは海軍を背負《しょ》って立つ傑物であることは間違いないでしょう。部下にもこの人のためなら命を賭してもかまわない、という人間が多いそうです。しかし、ボクの兄貴（佐藤市郎）が心配していましたよ。人の好き嫌いが激しいのが、山本さんの欠点だと。いずれ全軍を率いたとき、同じ考え方をする人間を幕僚にすえると、敵から作戦が読まれてしまうってね」

松岡はうなずいていた。

「ところで信介は、いつ満州に行くんだ。そろそろ神輿《みこし》をあげてもいいんじゃないのか。高橋是清《たかはしこれきよ》（蔵相）も、大蔵省の優秀な若手をもう満州国政府に送りこんでいるじゃないか。しかし財政専門の役人ばかり集めて何ができるんだ。産業開発はオマエのところの、商工省の優秀な人材が陣頭指揮しないと、どうにもならんじゃないか」

そんなことは百も承知の岸だった。せっかちな松岡は、早く岸に満州で辣腕を振るってもらいたいのだ。そこで岸は少し安心させることにした。

「満州の開発計画の青写真はできていますよ。すでに商工省の部下の椎名悦三郎《しいなえつさぶろう》や鳥谷寅雄《とらお》、美濃部《みのべ》洋次たちを満州国政府に送りこんであります。第二陣も人選中ですから、整い次第、行かせますよ」

それだけではなかった。満州のコーリャン畑やトウモロコシ畑に、日本の企業を誘致する計画を進めていたのだ。鮎川義介《あゆかわよしすけ》も長州人だが、一代で日産コンツェルンを築いたこの男をはじめ、ほかの財界人も口説いているところだった。

「それには、産業経済に素人の軍は口をださないという一札を、関東軍からとっておく必要があるんですよ。事実上のトップ板垣のところに乗り込んで行くつもりです」

岸はすこぶるプライドの高い男であった。満州国政府に着任早々、新京の目抜き通り大同大街（現人民大街）に君臨する、巨大な赤レンガの関東軍司令部に乗り込むと、切り札を切って迫るのは、もう少し後のことである。

リットン報告書の行方

この年昭和七年、十月二日にリットン報告書が開示され、原文はジュネーブからただちに外務省にも届いた。松岡はすぐに内田康哉《こうさい》外務大臣から呼ばれ、外務省におもむくと、大臣応接室で、英文の報告書を見せられた。

しばらく文面に見入っていた松岡は、ギュッと唇をかんでから、腕組みしてしまった。

「柳条湖における日本軍の行動は自衛とは認められない……。満州国建国も自発的とはいえない……か。うーん。調停案の項では、中華民国、日本は双方の利害に合致する方向で、当事者同士で話し合え……というわけですね」

テーブルの向こう側にいる内田大臣も、苦虫をかみつぶしたような顔をしている。

内田は外交官上がりで、明治、大正にかけて外務大臣を務めたキャリアをもつ。

そして昭和の今、斎藤実《まこと》内閣でまたも登場した外務大臣であるから、外務省では松岡の大先輩にあたる。だがこの男、キャリアに惑わされずによくみると哲学のない、単なる有能な事務官にすぎないというのが、政界の評だった。哲学がないから人と衝突することもなく、それで与えられた仕事はキチンとできるから、各代の首相も使いやすかった。いってみれば、記憶に残らない、ただ無難な三等大臣であった。

ところが、穏健派といわれていたのに、満州事変を境に変わってきた。近ごろでは、威勢のいい陸軍の満州派将校が顔負けするような、「国を焦土にしても、満州国の権益は譲らない覚悟であります」と国会答弁をして、世間からやんやの喝采を浴びた。さっそく、「焦土演説」「焦土大臣」という呼び名もついたが、しょせんは世間の時流に流されやすい、大向こう狙いの男だった。

松岡がリットン報告書を読み終えるやいなや、内田は、「連盟の裁定も調停案も断じて受け入れられるものではない」と呟いてから、黙り込んでしまった。

このとき松岡は、岸信介からいわれていたことを思いだしていた。

「確かに厳しい内容ですが、即断せずに、もう少し時間を稼ぐのがいいと思います。他国の出方を見きわめてからの判断でも遅くないと思いますが……」

と、ドアがノックされ、大臣秘書官が、「石原大佐がホールにつきました。すぐにこちらにご案内します」と告げた。

「実は石原大佐を呼んであったんだ。石原は変わり者だが、何といっても満州事変、満州国建国の立て役者だからね。今は東京にいるが、いずれ満州に戻る人間だから、彼の意見も聞いておきたいと思って、来てもらった」

石原は一ヵ月前に満州から戻ると、大佐に進級して、今は陸軍兵器本廠《ほんしょう》にいた。特異な戦略家としてきこえたが、兵器の実態にうとく、みずから望んで兵器の研究を始めたばかりであった。

松岡は大連や奉天で、石原とは何度も顔を合わせていた。態度は大へいだが筋が通っていたから、それなりに評価していた男であった。以前、奉天の十間房界隈《かいわい》にある日本の料亭に出いりしていた石原は、同じ郷里の山形からきていた芸者の身の上話を聞いてから、料亭遊びをやめてしまった。そんな男である。

その石原が第一種軍装で、内田と松岡がいる大臣室に現れた。軍帽を取って硬い表情で席につくと、石原から口火を切った。

「ジュネーブからきた報告書に目を通してきましたが、ひどい裁定ですな」

と、右手をひじ掛けに置いて身を乗りだしてきた。これが真剣になったときの石原の、いつものクセだった。そこで石原節が炸裂《さくれつ》する。

「満州を非武装地帯として、国際連盟の助言を得た特別警察が治安維持に当たる、とはいったいどういうことですか。まったくもって、けしからん話です。いくら提案だとはいえ、これでは支那からも日本からも満州を取りあげ、国際管理下に置くということは、関東軍には今後一切手をださせない、というわけですな」

それでなくても細い目が、怒りに燃えている。それをなだめるように、松岡が言った。

「連盟としては、表向きには満州国は承認できないと。さりとて元の状態に戻せば、かつての無国籍の無法地帯に逆戻りになる。仮に蔣介石・張学良の言いぶんを飲んだとしても、彼らには力がないから、かえって収まりがつかなくなる。連盟は、柳条湖事件以前への『原状回復』も『満州国の承認』も、問題の根本的解決にならないと、明言しています。裏を返せば、連盟の提案はあくまでも参考意見にすぎない、といっているわけですよ。ということは、日本と支那でうまく折り合いをつけろと。日本としては、今日現在のままの状態を保ちながら、時を稼げばいいんですよ」

それまで煙草《タバコ》を吹かしながら、天井を見つめていた内田外相が、

「さっき、松岡君が途中まで言いかけたのは、そのことかね」

「そうです。連盟は、早い時期に日本の代表をジュネーブに送り出せ、と言ってきているわけですから、向こうで連盟理事国や他国を説得して、理事会総会を待つのが賢明でしょう」

だが怒りの収まらない石原は、

「連盟は支那からまるめこまれていますな。かんぐりたくはないが、クスリをかがされたんですよ。松岡さんは支那人がどんなものか、あの連中の反日工作、宣伝の巧みさを知っているはずですな。蔣介石も張学良も、非正規部隊を陰で操作しながら、日本人居留民の商店や日本人を襲ったりするゲリラ活動に、こちらは手を焼いていたんですよ。その反撃として、われわれが立ち上がったわけで、それを一方的な侵略行為とみなしているのは、まことにけしからん話です」

石原には全身全霊を傾けて、満州事変、満州国建国を成しとげたという自負がある。それで気持ちが収まらなくなっているせいか、用意してあった結論を言った。

「満蒙問題なんて、欧米諸国にとってはさしたる関心事ではないですからな。こうなったら、日本独自でこの問題を解決しようじゃありませんか」

内田は黙ってうなずいていたが、松岡はなおブレーキをかけようとした。

「日本の行動を『侵略』と決めつけているわけではなく、この文面の解釈では、事変をやむをえない軍事行動だったと認めているととれますな。リットンらは事変勃発前に、現地の日本人居留民たちがいかに謀略にさらされてきたか、知っていたんですよ。だからリットンも私見とことわったうえで、〈満州事変から満州国建国にいたる一連の流れは、単に一国が他国を侵略したとか、そんな単純な問題ではない〉と発言している根拠も、そこにあったはずです。事実、文面にも〈満州事変は一国の国境が隣接国の武装軍隊により侵略された、というような簡単な事件ではなく、満州では世界に類例のない、幾多の特殊事態があるからである〉、としていますからね」

松岡は内心、こう考えていた。——陸軍の連中の英語力では、連盟の本音が見抜けていないようだな——。

そこで内田外相が、「松岡君には日本の全権として、遅くとも来月十月中旬までには、ジュネーブに出発してくれたまえ。本件の実情を最も知っている関東軍を代表して、石原大佐にも同行してもらいましょう。荒木陸相にはわたしからお願いしておきますから、よろしいですな」

それから三週間後、松岡全権代表と随員たちは、空路新京（現長春）に飛び、満州里からシベリア鉄道で、モスクワ経由、ジュネーブに向かった。

だがさらに一ヵ月後、執政溥儀の顧問についていた板垣征四郎が、副官だけ伴って、新京から一行のあとを追うことになる。知っていたのは、石原だけだった。

連盟脱退劇前夜

松岡一行は十一月初旬、モスクワ、ウイーンを経由してジュネーブに入った。

静かなレマン湖のほとりにたたずむ宿舎からは、遠くにスイス・アルプスの銀色の峰がかいまみえ、岸辺にはいつも白鳥が羽根をやすめていた。

松岡たちは、各国の代表が入っているホテルをさっそく訪ね、ときには彼らを昼食や夕食に招いて、情報交換に追われていた。

一週間たつと松岡は随員たちを集めた。

「どうも感触がよくないな。やっぱり日本政府が、早々と満州国を承認したのがまずかったようだ」

このとき松岡は、東京でグルー大使に会ったときのことを思いだしていた。

グルーは、いつもの温容な表情が消えて、真剣そのものだった。

「日本が満州国を承認するのは、なるべく遅いほうが賢明ですよ。国際連盟の採決前に承認してしまうと、日本が浮きあがって孤立する恐れがあるからです。それにワシントンの対日対策も、今の段階では連盟に定められた平和条約が、どう尊重されているのか見守りたいところですからね」

松岡は悩んでいた。――今信介がここにいてくれたらなあ――。

そんな空気の中で、石原莞爾だけが意気軒高たるものだった。

「支那が、現在の自分らが政情不安定に陥っている原因はすべて日本にあり、と宣伝しまくっているが、そんなものは想定内ですから悩んでも仕方ないですな。われわれとしては、来年二月二十四日の総会まで、ただ粛々と正当性を主張していればいいんですよ。その結果が悪ければ、かえってそのほうが、さっぱりしていていい」

「それは脱退したほうがいいということですな」

と松岡が念押しした。

「当然です。関東軍はいかなる困難にも立ちむかう用意ができていますからね」

と石原は自信たっぷりだった。

松岡には、東京の外務省の空気も伝わっていた。「断固としてわが国の方針を貫け」と、檄文《げきぶん》のような電文である。

——あれは内田外相主導の意見というわけではないな。若手官僚の突きあげにあっているらしい——。

そうこうしているうちに、突然、板垣が彼らの宿舎に現れた。

「やあみなさん、ご苦労さまです」

石原と違って物腰はいたってやわらかいが、わざわざジュネーブまで何をしにきたかは、いわずもがなである。板垣はこう考えているに違いなかった。

——オレは何も言わないほうがいいんだ。ここにいるだけで、関東軍の意思は松岡代表と随員たちに十分に伝わる——。

十二月八日、連盟総会で松岡代表は、流暢な英語で日本の立場をとうとうと述べた。原稿もみないまま、一時間二十分の大演説だった。拍手喝さいで握手を求めてくる外国の代表もいた。思考が単純な松岡はこれで、——手ごたえがあった！——と感じてしまった。

年が明けて、連盟理事会総会が開かれる二月二十四日を迎えることになる。ふたを開けてみると、日本の悲願である『満州国承認』は、四十二対一で否決されてしまった。承認したのは日本ただ一国だけだった。

調停案を巡る石原との攻防

松岡と随員たちは、別室で鳩首《きゅうしゅ》協議を始めた。はじめに口を開いたのは、石原だった。

「〈関東軍は満州から手を引け〉、と言っているのだから、ただちに連盟なんか脱退すべきですな。すなおに従っていたんでは、関東軍も中央の陸軍も収まりがつかなくなります」

苦悩の表情を浮かべていた松岡は言った。

「これは一陸軍の問題ではない。わたしは明日からの国家のことを考えている。連盟は、〈満州を非武装地帯として、国際連盟の助言を得た特別警察が治安維持に当たる〉と言っているのだからね」

「それを関東軍に任せる、といっているわけではない。そんな甘い期待をもつのは危険ですな」と石原が返した。

「関東軍を要所、要所に配置することを、国際連盟と交渉する余地は十分にありますよ。これまで満州国と関東軍が積みあげてきた既成事実を、国際連盟は無視することは、事実上不可能なんだから」

相手のゲリラ活動に報復するとはいえ、満鉄線に爆薬を仕掛けて満州事変を起こした関東軍のやり方は、確かに荒っぽい。そこで石原を見つめながら、松岡は、

「しかし、リットン報告書には、〈不毛の曠野《こうや》を一変させた満州の今日の発展は、日本の努力によるものだ〉と、謳《うた》ってありますからね」

とそこへ連盟事務局の次長代理が書類を届けにきた。

事変の当事者である、日本と中華民国を除いた四ヵ国の理事国代表が、緊急会議を開いて調停案をまとめたものだった。

書類に目を通していた松岡は、テーブルに書類を置いてから趣旨を説明した。

「要はですな、満州国の主権は中華民国に潜在的にあったものだと認めたまま、日本の〈勢力圏〉とするということです。別紙のわたし宛てのメモ書きには、理事長名で、〈本調停案は、日本に有利になるようまとめたものであるから、ぜひとも受託せられたし〉とある」

黙ってないのは石原だった。例によって右半身を乗りだしながら、

「満州の主権者は支那であるとして、日本の支配下に置くことを認める、とは支那にずいぶん都合よくできている内容ですな」

なお言いたそうにしている石原を押さえながら、

「外交上の調停というものは、本来そういうものだからね。わたしはこれは飲んでもいいと思うが、電話して、内田大臣と電話で相談してみよう。日本は午前十時だな。もう登庁しているはずだ」

と言って、松岡は席を外した。だが電話に出た内田外相は、

「〈満州は中華民国の領土である〉、を前提にした連盟の調停案は飲めないな。不満をかかえた軍がドンパチ始めて、支那と全面戦争になる危険性もある。こちらでは閣議にも通らないよ」と、一蹴してしまった。

問題は、松岡が「残された道は、脱退しかない」と考えたことだった。だが、その判断は正しかったのか？

当然ながら、国内の識者からは、「日本が〈名を捨て実をとる〉ことを、公的に表明することになる調停案ではないか」の声があがった。

リットン報告書が公表されるより先に満州国を承認した手前、「満州国が国際的

な承認を得る」という一点だけは譲れない日本は、これに反発して脱退することになってしまった。見栄《みえ》をはったのか、武士の散りぎわにこだわったのか、このときの松岡が、会議場全体が唖然《あぜん》とする中を、前方の一点を見つめたまま引きあげる姿がフィルムに残されている。

リットン報告書と連盟案の誤読

岸は帰国した松岡を渋谷郊外の屋敷にひっそりと訪ねていた。

落胆した顔で松岡は、

「世間では連盟脱退とはよくやったと、カラ騒ぎしているようだがね。オレは陛下や国民に大変申し訳なく思っているんだ。信介も言っていたように、連盟にとどまって、ねばり強く説得すべきだったんだが、桜の花の散りぎわの美しさにひかれたんだよ。オレはやっぱり日本人だったなあ」

腕組みしたまま大きなため息をついた。

岸は、〈信念のない為政者は、歴史に禍根を残す、は歴史の常である〉をもちだしたかったが、心の中で抑えてしまった。あれほど強い松岡が、涙しているのがみてとれたからである。岸はそれでも、これだけは伝えておくことにした。

「国際連盟から、脱退すべきではなかったんですよ。連盟にとどまったまま、時がくるのを待つ……脱退なんて、いつだってできるんですからね」

松岡は考え込んでいた。

――リットン報告書の中身は〈提案〉ないし〈勧告〉にすぎないのだから、それをたたき台にして協議したらどうか、と言っているだけではないか。もちろん、罰則規定もない――。

松岡は涙をふこうともしないで、瞑目《めいもく》している。

だがこの国家の一大事に、思いやってばかりではいられない。

「自分が正しいと思ったことは、誰が何といっても貫いてほしかったですね。関東軍の石原や板垣のような、ヘイタイどもに好きにさせていたんでは、日本はダメになりますよ。あの馬糞《まぐそ》連中は、〈日本イコール陸軍〉の思考しかないんですから」

――さすがは信介だなあ。信介をジュネーブに連れていくべきだった――。

「連盟加盟国に、事前の事情説明をおこたっていたのではないですか。支那や張学良の奉天軍が、いかに不当な行動をとっているのか、懇切ていねいに説いてまわるべきでしたね」

後年、総理時代、〈根まわしの岸〉といわれたが、その片鱗《へんりん》を、このときもみせた。さらなる岸の指摘は、松岡にはこたえた。

「それ以上に欠けていたのは、連盟の裁定内容の分析ですよ。どういう構造になっているのか。連盟の本音はどこにあるのか……」

松岡は黙ったままだった。岸に言われるまでもなく、外交文書には、まず前ふりとしてタテマエ論がある。それはときに本音が見えにくいようにできているのが普通で、まず相手の出方を見る、という仕掛けになっている。

こんなことは――外交官出身のオレが知らぬはずはなかったのに――。岸は相手が考えていることを、ずばり見抜く才能がある。

「リットン報告書の場合も、日本に甘いケーキを与える前に、まず説教をしてから、という構図になっていますね。柳条湖事件での日本軍の行動は自衛とは認められない。満州国の独立も自発的とはいえない、とお説教をしてから、日本の満州国における特殊権益を認めたうえで、事変前の状態に戻ることは現実的でない、と本音を吐露しているではありませんか」

「時間を稼ぐことをおこたったのは、オレの一生の不覚だった」

と、松岡はなおも自分を責めていた。

それでも松岡は、「オレの本心は連盟にとどまることだったが、関東軍が……」とも、「内田外相が……」とも、言い訳をしなかった。

――さすがに叔父は長州人。囚《とら》われの身となった松陰先生も、一切の申し開きはしなかったではないか――と、岸は思った。


そのころリットンはジュネーブからそれぞれ母国に帰っていく調査団の随員たちと最後の朝食のテーブルについていた。

「わたしとしては日本が、脱退という究極の選択をするとは思ってもいませんでした。今までどおり世界と足並み揃えて、平和の道を歩んでほしいと願っていました。諸君も同じだろうと思います。われわれは、結果として満州国における日本の実効支配は認めているのに、バカ正直な日本の外交官や軍人は、それを読み取れなかったのが残念です。これからの世界の行く末を考えると、慄然《りつぜん》とせざるを得ないものがあります」

在満中から体調を崩していたこの英国紳士は、ほどなくしてイギリスに帰っていった。

大事なときに出た外交音痴の日本

では、松岡は自分の意思に反して、何ゆえ脱退の道を選んでしまったのか。数字の上では四十二対一であるから、この時点では確かに孤立無援のようにみえる。

だがここで、イーブンにもっていくのは難しいにしても、四十二票の中には、グレー・ゾーンが広くあるのだから、これを切り崩す発想がどうしてなかったのか。

狙い目はドイツ。連盟から脱退する機会をうかがっていたドイツとその顔色をみていたイタリアも、満州国を承認する方向に動く可能性があった。その後承認にまわる国がつづくはず……それこそが外交交渉というものである。

待てば海路の日和《ひより》ありというが、数年もすると、それが現実の姿になった。満州国の承認にまわる国が続出したのである。三国同盟締結が間近にあったとはいえ、シュネーを調査団に送りこんでいたドイツも、アルドロバンディを送り出したイタリアも、数年後には承認にまわった。フィンランド、タイ王国などもともと日本には友好国だった国のほかにも、クロアチアのような枢軸国との友好国、スペインのフランコ政権やバチカン、デンマーク、中米エルサルバドルなどの中立国をはじめ、二十ヵ国が承認することになる。

第二次世界大戦が勃発した一九三九年（昭和十四）当時、国際連盟加盟国の数は六十ヵ国にも満たなかったのだから、世界三分の一以上の勢力が満州国を承認したことになる。その他にも、ドミニカ共和国やエストニア、リトアニアは正式承認こそしなかったものの、国家元首同士の親書を互いに交わしていた。大国ソ連も満州国とは正式な国交は結んでいなかったとはいえ、一九四一年四月十三日の日ソ中立条約締結で、「満州帝国ノ領土ノ保全及不可侵」を尊重することを確約することになるのである。

一方、〈満州国は承認しないが黙認する〉の原則に立っていたアメリカも、フォード自動車会社のような大企業が、大連、奉天（現瀋陽）、新京、ハルピン、吉林などに支店を置いていた。アメリカには、チャンスがくれば日本と満州の共同経営をしたいという、目論見《もくろみ》があった。日米共同による満州経営案の機会は昭和十二年末に訪れる。だが結局は破談になり、「満蒙は日本の生命線」に固守するよりほかなくなってしまうのである。

一九三四年（昭和九）　束《つか》の間《ま》の平穏

駐日大使グルーが発案した日米野球

前年の昭和八年は、国際連盟から日本の脱退につづくドイツの脱退、日本軍による長城線を越えた華北侵入、国内にあっては、滝川幸辰《ゆきとき》京大法学部教授の刑法学説が赤化思想として糾弾されたりと、暗い時代の到来を象徴するような出来事に揺れた一年であった。

だがその年も押しつまった十二月二十三日になって、やっと明るいニュースが日本中を駆けめぐった。国中が待ちに待った皇太子（明仁《あきひと》）の誕生である。それまで天皇家には内親王が四人もつづいたことから、天皇の側近の中には、

「畏れながら皇統のために、側室をもたれてはいかがかと……」

と勧める者もいたが、そのつど天皇ははねつけてきた。

国中がやきもきするのも無理はなかったが、年の瀬になっての朗報に、国を挙げて喜びに浸った。実際、日本の近代史上、現上皇ほど期待されて生まれてきた人はいなかったのである。

しかも日の出の時刻にお世継ぎが生まれたことは、「日いずる国」を自負してきた日本人には、なんとも縁起の良い慶事となった。

この日の朝七時、アリス夫人に、「あなたサイレンですよ」と揺り動かされたジョセフ・グルー大使は、笑みを浮かべて聞き耳を立てた。

「女の子なら一分、男の子ならば十秒の間隔をおいて二分間というのである。私はこの十秒間を心から待ち、そして二度目のサイレンが鳴り響いたとき、われわれはこの上ない幸せな感激に浸った。日本に住む者だけが、これが何を意味するか理解できるのである」

グルーはその日の日記にそう認《したた》めた。

大使夫妻はただちに正装に着替え、八時十五分に参内。丁重にお祝いの言葉を侍従に伝えて記帳を済ませると、深々とお辞儀をして宮城を後にした。どこの国の大使・公使よりも早い参内であった。

それから年が明けた昭和九年元旦、宮中の祝賀行事によばれたグルー夫妻は、この国を挙げた慶事にふさわしい日米関係の到来を祈念して祝辞を述べた。そのとき大使の頭に浮かんだのは、〈明るさが戻った日本の今の空気を、何とかして両国の良好な関係に生かせないだろうか〉ということであった。

そして行き着いた答えが、日米野球の実現だった。

——日本でもファンが多いベーブ・ルースら全米のオールスター・チームを、日本側から招待するという方法が最も効果がある——。

スポーツこそ文化外交

昭和七年六月のことだったが、グルーは日本着任の挨拶で、こう述べた。

「スポーツの交流はすべてに勝る外交です。今後来日するスポーツの親善チームは、私など足元にも及ばない優れた大使です」

この米国大使は、日本で最も人気が高いスポーツは野球であることを知っていた。郷土の熱い期待を背負った、甲子園の全国中等学校野球大会が話題をよんでいたが、最たるものは、東京六大学野球の早慶戦だった。入場券を求めて前夜から人が並びだす神宮球場はいつも超満員で、道行く人はラジオ屋の店頭で足を止め、黒山の人だかりに加わった。

そこでグルーは、鈴木惣太郎《そうたろう》というアメリカの野球事情に精通した人物に面会して、こう提案した。

「年内に大リーグのスター選手を来日させて、日本各地で親善試合をさせたいのです。日本国民にアメリカを身近に知ってもらえる機会ですから」

するど鈴木は応えた。

「大リーグのオールスター・チームをよぶとなると、日本の学生チームと対戦させるわけにはいきません。今ちょうど日本では職業野球のチームが編成されるところですから、彼らと対戦させるのがいいでしょう」

鈴木は読売新聞社長の正力松太郎を訪ね、事の顚末《てんまつ》を話して聞かせると、

「ちょうどいい機会だから、その話に乗ってみようじゃないか」と応じた。

鈴木は正力をグルー大使に引き合わせると、正力は大使の話に大いに共鳴して、

「全米選抜チームの招待にかかわる一切の費用は読売がもちましょう」となった。

鈴木はさらに各方面で活躍する、野球の有識者の意見を聞くことにしたが、その

中の一人に、北海道帝国大学医学部教授の内村祐之《うちむらゆうし》（後に東大教授）がいた。内村鑑三《かんぞう》の一人息子で、大正中期の一高・三高の対抗戦では、一高のエースとして活躍し、早稲田《わせだ》、慶應《けいおう》も寄せつけなかった。特に大正七年の三高戦では十対一、早稲田に七対ゼロ、慶應戦では四対ゼロで勝利しただけでなく、三塁を踏ませずに三振十七を奪う快投をみせて、日本中の話題をさらったものだった。

後に鈴木は言っていた。

「内村さんは、戦後は乞われてプロ野球コミッショナーになる人です。父親が札幌《さっぽろ》農学校《のうがっこう》の二期生でクラーク博士と入れ違いになりましたが、博士の薫陶を受け継いで教育された関係で北大と縁が深く、息子の内村さんも東大から招かれて一時期、北大にいたのです。プロ野球は、戦前は職業野球とよんでいましたが、内村さんには医者になってからも、職業野球の誕生に一役買ってもらっていました。それに選び抜かれた全米チームを迎え撃つには、レベルの高い満州の野球チームの協力も得たいと考えていたところ、内村さんが、当時満州国政府にいた古海忠之《ふるみただゆき》さんとは東大でバッテリーを組んでいた間柄だったのです」

一方、内村は若き日の思い出をこう語る。

「古海君は、甲子園の全国中等学校野球大会に出場経験がありましたが、三高時代も強肩強打のキャッチャーで、ボクらのライバルでした。互いに東大に進んでからはボクと同期の野球仲間になりましたが、卒業後は大蔵省から送られて満州国政府の官吏をしながら、〈満洲倶楽部《まんしゆうクラブ》（満倶《まんく》）〉と、〈大連実業団（大実）〉の社会人野球の育成にかかわっていました。そんなとき日米野球の話がもち上がったので、お互いに出張で上京してきたときに、鈴木惣太郎さんに古海君を引き合わせて、彼の知恵を借りました。古海君の話では、東京六大学のスターたちが大勢渡満して野球団に加わっているから、満州の野球レベルは高いと。それに、いずれ職業野球のチームを作ろうという動きが満州にもあって、本場の胸を借りるにはいい機会だから、選手を何人かだしたいという話になりました」

ベーブ・ルース一行の来日

昭和九年秋、この年のシーズンを終えたばかりの全米オールスター・チームが来日した。十一月三日の東京日日新聞（現毎日新聞）の夕刊には、一行がこの日の朝、カナダ太平洋汽船のエンプレス・オブ・ジャパン（日本の皇后陛下）号で横浜港に着いた模様を大きく報じている。

一行を率いるのはコニー・マック総監督と、戦後もたびたび来日してお馴染《なじ》みのフランク・オドゥール監督。選手は全米最強チームを編成してきただけに、ホームラン打者三羽烏《さんばがらす》のベーブ・ルース、ゲーリッグ、フォックスのほか、ゴーメッツ投手のような一流のスター・プレーヤーばかりに家族を含めた、三十四名の一行である。

横浜港には熱狂的なファンが早朝から出迎えたが、なかでも日本の野球ファンのお目当てはベーブ・ルース。「武蔵山《むさしやま》（当時の大関）よりでかいなあ」と驚嘆の声が上がり、どんぐり眼をグリグリさせる、彼の愛嬌たっぷりなゼスチャーも大受けした。

神宮球場で行われた来日第一戦の相手は、大日本東京野球倶楽部であった。〈翌年のアメリカ遠征の際、〈チーム名が長すぎる〉と相手側から指摘され、〈東京巨人軍〉と改称。現〈読売ジャイアンツ〉〉

このとき場内アナウンスに促されてマウンドに進み、始球式を務めたのはグルー大使であった。「四方のスタンドに深々とお辞儀をして引き返す大使に、万雷の拍手が送られました」とラジオ放送は伝えた。

しかし試合の結果は十七対一と、全米チームの一方的な勝利に終わった。東京朝日は、〈段違いの実力差にファン失望〉と伝え、ファンは「めちゃくちゃ強いなあ」とため息をついた。それでも以後、北は函館から南は九州小倉まで全国で十八試合行われ、日本中の話題をさらった。

初戦では投げなかったが、日本選手の中に全米の強打者たちが目を見張る投手がいた。沢村栄治である。左足を頭上高く上げて溜《た》めを作って快速球を投げおろす、弱冠十七歳の少年投手は、京都商業を中退して日米野球に参加してきたばかりであったことから、ベーブ・ルースらは〈スクール・ボーイ〉とよんでいた。

その後の日本球史に残る第十戦の模様を、東京日日新聞が伝えている。

小春日和の十一月二十日。静岡市外の草薙《くさなぎ》球場で挙行されたこの日、全日本軍は沢村投手をマウンドに送れば、全米チームは技巧投手ホワイトヒルを立てた。沢村投手のでき栄えはすばらしく、落差の大きいドロップは驚異的な威力を発揮して、ルース、ゲーリッグ、フォックスの三ホームラン打者を次々と三振に切って取る。全米は七回に入ってついにゲーリッグがホームランを放って、貴重な一点をあげ、一対ゼロという来日以来初めての大接戦は、全日本軍の惜敗に終わった。試合直後、弱冠十七歳の少年投手に感嘆したベーブ・ルースも、ゲーリッグ、フォックスも、「あのスクール・ボーイをぜひアメリカで活躍させたい」と、記者団に語っている。

その後試合を重ねるごとに、日本の観客の反応が変わってきたことに、グルー大使は気がついた。はじめのうちはアメリカ選手のホームランが飛び出すたびにため息をつき、舌打ちしていた日本のファンも、いつのまにかホームランに熱狂し、惜しみない拍手を送るようになったのである。この光景を見ていたグルー大使は、満足げに微笑したという。

広がった日米交歓

全米野球チームには、球場だけが日米交歓の場ではなかった。グルー大使が選手たちをアメリカ大使館やホテルに招いて新聞記者との交歓会を実現させたのは、日本の新聞の反米論調を変えさせるためだった。記者だけでなく、一行を各界の指導者、一般市民にいたるまで、できるだけ多くの日本人と接触させようとしたのは、排日運動に端を発した対米不信感を払拭させたかったからである。

そもそも排日運動は、カリフォルニアで大正初期から始まったが、アメリカ議会の排日派議員たちによる策動によって年々蒸し返され、大正十三年（一九二四）五月には、排日移民法案がアメリカの上、下両院を通過した。この法案には大統領も署名して成立したが、大統領はカルヴィン・クーリッジであった。

しかし正確には排日移民法という法律はなく、既存の移民・帰化法の第十三条C項の移民制限規定に一部改正が加わり、それに日本人が該当したことによる。それでも、それまでの排日運動はきわめて刺激的で対米不信感を煽《あお》っていたから、日本では通称〈排日移民法〉と呼ばれていたのである。

連邦議会で可決された法案であるから、排日運動はさらにエスカレートする一方だった。サンフランシスコでは白人の小学校から日系人を締め出す日本人学童隔離問題、土地所有を禁止する排日土地法案がカリフォルニア州議会で可決、果ては公共の電車、バスに座っている日本人が席を奪われたり、パサデナでは日系人家族が惨殺される事件へと発展する。

だがグルーは、大使館員たちに言っていた。

「日本の反米感情を好転できるのは、大統領や大使の演説ではありません。今回来日した野球選手たちが日本人と交流すれば、その光景が新聞記事になり全国に配信されます。難しい政治問題から離れた人間同士の交流が政治に先行すれば、いずれ国家同士の関係改善に役立ちます。わたしの今までの外交官としての経験から、いつも痛感していたことです」

試合のない日は、選手たちを朝霞《あさか》ゴルフ場に招いて、いっしょに十四ホールのラウンドを愉《たの》しんだ日もあった。グルーの日記『滞日十年』には次のように記されている。

「ベーブ・ルースもオドゥールも、もの凄《すご》いボールを飛ばしたが、練習不足のために、いつもまっすぐに飛ぶというわけにはいかなかった。それでもベーブは私に、〈大使、野球と同じで、あまり強くボールを打とうとすると、目が離れるからいけません〉とアドヴァイスしてくれた。倶楽部の職員やキャディー、ゴルフ場で出会った人々誰しもに私は彼を紹介した。ベーブはそのたびに笑顔で〈pleased to know you〉と言った。日本中が彼に首ったけになったことはいうまでもない。ベーブは私が逆立ちしても及ばぬほど効果的な大使である」

〈一行は東京を皮切りに、函館、仙台、富山、横浜、静岡、名古屋、大阪、小倉、京都、大宮、宇都宮《うつのみや》と転戦し、十八勝零敗の成績を引っさげて帰国していった。その間、どの球場でも米国選手のホームランに驚嘆し、彼らの勝利に日本人観衆は惜しみない拍手を送った〉と、日本のプロ野球誕生にかかわり、米国チームと終始行動を共にした鈴木惣太郎が書いている。

今回の全米オールスター・チームの来日につづき、翌年は東京巨人軍と名を変えた大日本東京野球倶楽部の沢村、スタルヒン、水原茂らの一行をアメリカ遠征に送り出す道も拓《ひら》かれた。

過ぎし日の昭和七年夏、日本を発っていくロスアンゼルス・オリンピック選手団を激励し、帰国後は功績と労をねぎらったが、ここでもグルーが「諸君らこそ、真の日本大使である」と語りかけたときの詳細な記録が、ハーバード大学の資料室に残されている。

こうした尽力が功を奏し、日本の新聞には友好的な論評が目立つようになり、日本人の対米感情も確実に和らいだようにみえた。新聞を有効に利用すれば、世論の意識操作に役立つ。そこで米国人特派員を、日本の政府関係者や実業界の指導者たちと非公式に接触させ、日米間のニュース報道の幅を広げることにも努めた。

だが新聞記者に不用意な発言をすると、ひどいしっぺ返しが返ってくることを知っている大使は、アメリカの新聞記者たちに、

「日本のあら探しをするような、皮肉で軽薄な記事を書くのは止めたまえ。批判は批判でよろしい。しかしその一方で、〈日本人の友好的感情も共存しているのだ〉ということがわかるような記事もいいのではないかね」と、忠告したこともある。

日米双方の国民感情を改善しようと、グルー大使の音頭取りで実現した日米野球は大成功だったが、それからまもなくして、米海軍にも動きが現れた。サンディエ

ゴを中心に太平洋側に展開していたアメリカ大西洋艦隊がそのまま居座り、日本海軍や世論を刺激していたが、大西洋側の母港へ戻っていったのである。東京日日新聞が、〈これを実現させたのはグルー大使の功績である〉と書いている。

奇妙な噂

だが日本中の関心と人気を集めたベーブ・ルースらの陰で、妙な噂がささやかれていた。一行が日本を離れるとまもなくして、正捕手へイズの控え捕手だったバーグ選手が、〈アメリカの諜報部《ちょうほう》から密命を帯びたスパイだった〉というのだ。日米野球はそれなりの成果はあったものの、大国アメリカへの警戒感と不信感は、拭い去れないものをかかえていた、というほかはない。

事の発端は、チームが地方へ遠征中に起きた。来日早々銀座のパレードではルースと同じオープンカーに乗っていたのに、仙台、函館に転戦している間、バーグは独り東京に残り、聖路加国際病院《せいるかこくさいびょういん》に行っていた。治療が目的とされていたが、このとき屋上から十六ミリカメラで東京の市街を撮影していて、日本の官憲から咎《とが》められたことがあったのである。

その話はいったん収まったが、それから十年以上がたった昭和二十年（一九四五）三月十日と、以後もつづいた東京大空襲で、バーグの撮ったフィルムが使われた、というのである。

ことに五月二十五日の空襲では、丸の内界隈の、通称〝三菱村《みつびし》〟のビルの多くが英国人建築家ジョサイア・コンドルの作品であったためか被災を免れた。また帝国ホテルはアメリカの建築家フランク・ロイド・ライトの設計、東京大学にはアメリカが多額の基金を寄贈していたことから、爆撃目標から外されたといわれる。他の西洋館の多くが爆撃を免れたのも確かに米英の建築家がかかわっていたためとみられる。

あれほど正確に爆撃しているところからすると、上空から撮った精密な航空写真があったことになり、築地の病院の屋上から撮った十六ミリなどが役立つはずがない。日本側では大規模な空襲の直後、「どこから写真を入手していたのだろう」との疑念がエスカレートしたが、サイパンから発進したB29を使って、あらかじめ東京各地や地方都市の精密な航空写真を撮っていたというのが真相であった。

大陸の不穏な動き

　ヨーロッパが一触即発の危険な方向に向かいだした予兆は、国際連盟を前年に脱退したドイツの動きにみえてきた。一方で目下の日本の不安定材料は、満州を巡って中華民国との対立構造が鮮明になってきたことだった。

　二年前の昭和七年三月一日、長春で満州国建国の式典と同時に溥儀の〈執政就任式〉がとり行われたが、この日をもって、長春は新京の名称になった。そしてこの年、昭和九年三月一日（康徳元年）の建国記念式典で、正式に〈皇帝〉に即位したのである。当初、溥儀が執政という地位にひどく不満をもらしていたのは、〈陛下〉ではなく〈閣下〉とよばれることだった。

　――これでは軍人の高官たちと同じではないか……――。

　これには日本側にも、表向きにできない事情があった。二年前の満州国建国式典のときにいきなり皇帝にしてしまうと、国際的な非難を浴びる恐れがあったからである。だが、国際連盟を脱退した今は、そんな非難は問題ではなく、〈満州国は独立国家〉という、曲がりなりにも築いてきた既成事実がある。

過ぎし日に、寄る辺もない廃帝の身にあった溥儀が、国民党の放った工作員の目を避けて天津日本租界の仮寓《かぐう》張園に身を寄せていたとき、ひっそりと甘粕正彦が訪ねてきた。そのとき、

「当初は執政という地位ですが、時期がきたら必ず皇帝の玉座についていただき、それにふさわしい処遇もいたします」

といって、満州に連れだしたときの約束は守られたのである。

溥儀が皇帝に即位すると、家政を司《つかさど》る宮内府が設けられ、輔弼《ほひつ》の責を負った宮内府大臣がついた。ほかにも宮廷の文書などを扱う機関の尚書府、侍従武官処、日本の軍事参議院に相当する軍事諮議院、祭祀《さいし》府などの皇帝直隷機関が置かれ、皇帝の大権による法律の執行、勅令の発布、文武官任免権、さらに国際的には、宣戦布告・講和・条約締結、栄典授与、恩赦などの権限を有することになった。実権は関東軍、満州国政府が掌握していたが、表面上は満州国の宮廷にふさわしい皇帝直隷の組織になったのである。

では、国際連盟を前年に脱退し、この年溥儀を満州国皇帝に就けた一連の日本の

動きを、宋慶齢《そうけいれい》と蔣介石はどうみていたのか。宋慶齢は中華民国の国父といわれた孫文の未亡人、一方、孫文の後継者となって中華民国の国民党を率いていたのが蔣介石である。だが宋慶齢はこの年、一九三四年にはすでに国民党から離れ、蔣介石とも距離をおいていた。

とはいえ元をただせば、大正時代初期、日本に亡命中の孫文を、秘書として手助けしていたのが宋慶齢であり、二十七歳という年齢差や、彼がマカオに妻子がいたというハンデを乗り越えて結婚したのも東京であった。

同じころ、日本の陸軍士官学校にいた蔣介石は孫文から認められる存在になり、宋慶齢も含めて彼らは犬養毅や頭山満《とうやまみつる》、宮崎滔天《とうてん》らと深く交わり、〈アジアはアジア人の手で〉を合い言葉に大アジア主義を標榜《ひょうぼう》する同志となっていた。

だが、宋慶齢にとっても蔣介石にとっても、〈満州を好き勝手に操る日本は、もうあのころの日本ではない〉が共通認識である。当時香港《ホンコン》にあった宋慶齢は、中国共産党との距離をちぢめて、共通の敵日本の動きを注視しながら、第二次国共合作の道を探っていたところ、カギを握る男が目についた。満州の奉天軍を率いる張作霖の後継者となった息子の学良で、打倒日本に燃えていたが、第二次国共合作はこの男をどう動かすか、にかかっていた。

それから二年後には、張学良が蔣介石を幽閉して西安事件となり、一気に流れは国共合作へと向かっていく。とはいえ、背後にコミンテルンがついている中共との協力関係には限界がある。反共の鬼と化している蔣介石には、当面の敵日本の打倒が先決問題だが、中国人でさえ中国大陸は大きすぎて、ほかの人の心の中まではわかりにくいといわれる。ましてや政治世界には、裏の裏があって、どこでどう絡み合っているのか、複雑怪奇でさっぱりわからない。

〈それでもいずれは、揚子江の出口に集まり、外界に吐きだされていくのであるから、政治の混迷など一過的現象〉と中国の歴史家はいう。中国五千年の歴史の重みといわざるを得ないが、そんな混沌とした大国の動きに、惑わされない冷静な読みが日本にはあったのか。

そして時代は、満蒙問題をかかえたまま、歴史の審判に立たされる昭和十年代へと入っていく。

一九三五年（昭和十）　石原莞爾と甘粕正彦

満州経営の実体

国際連盟からの脱退は、満州国政府にも衝撃だった。

「日本にとって満州は、日本国始まって以来の重要テーマだからね。世界戦略の視点で、欧米諸国から承認される道を探るべきだったんだよ」

新京の料亭『あけぼの』の座敷《ざしき》で、武藤《むとう》富雄と飲みながらそう言ったのは、満州国財政部の古海忠之であった。昭和七年春、大蔵省理財局から満州国経済部に送り出された馬づらで大柄なこの男、今は満州国建国後の予算編成など財政面を担当しているが、満州にくる前は、霞ヶ関のエースといわれた。

「まったくですね。これでは日本は孤立して、世界から総スカンをくいますよ。いつものことですが、また陸軍の横ヤリですよ。こういうことは彼らのお家芸だから。きのうも、甘粕さんが怒っていましたよ」

今日の席に甘粕はきていなかった。だがこの甘粕という男。元軍人で鬼憲兵ともいわれたが、関東軍の横暴を正面きってびしびし批判しながらも、関東軍の黒幕として君臨している、まことに不思議な存在であった。

「私心がまったくなく、人情の機微に通じている人だからね。先月も、来満した日本企業の経営者たちを協和会が宴会でもてなしたあと、わたしのところにきてね。〈古海さん、あなたは時間外に職員を動員させましたね。時間外手当を支払う手続きをしっかりしておいてください。もちろん満人の職員にも差をつけず〉ってね」

「お茶くみの満人の女性たちにまで気配りするひとですよ。わたしたちのような役人は、人を使っておいて平気なところがありますが、あのひとは、さすがに苦労人ですね」

実は司法省の武藤富雄も、異色の経験の持ち主だった。家が貧しく、小学校のお茶くみをしながら夜間中学にかよい、一高、東大法科をでて判事になっただけに、ひとの痛みがわかる。甘粕に感化されて、現地で孤児院を造ろうと腐心したこともあった。

彼らに「甘粕さんのような人物は、見たことがない」といわしめた甘粕にも、嫌いな人間は徹底して嫌うクセがあった。

「わたしは何が嫌いかといって、ヘビと石原莞爾ほど嫌いなものはいませんね」

石原は上官の東条英機《ひでき》に面と向かって「東条伍長《ごちょう》！」「だからあんたはダメなんだよ」と言ってのけるような変人だった。そんな石原であるから、甘粕が満州にきた当初は、「ここは殺人鬼の出る幕でもあるまい」と、あからさまに拒否反応をみせた。

実は今『あけぼの』の奥座敷で差し向かいになって飲んでいる古海も武藤も、はじめのうちこそ甘粕を敬遠していたのに、今では、男甘粕に惚《ほ》れこんでしまっていた。

古海も、石原を毛嫌いする一人だった。相性が悪かったせいもあるだろうが、この二人との対立と憎悪は最後までつづくことになる。

「あの石原が主張するような、〈満州はわれわれが血を流して建国した国だ〉〈あとからきた連中に、ああだこうだと文句はいわせない〉といったせまい了見に支配されながら、みんないっしょうけんめいに働いているよな。だけど役人のまとめ役がいないと、総務庁（満州国政府を総括する国務院の司令塔）はバラバラで、まったく機能していないね。早く岸さんがきてくれないことには、われわれは関東軍おかかえの役所の、小役人になりさがったままだ」

「まったくですよ。それに満州にきてみたら、法律も何もないんですから。犯罪の取り締まりといっても、根拠になる法律がないんですからね」

武藤は大蔵省の古海と同じ時期に、司法省から国務院の法制局参事官として赴任してきた。彼らは家族を内地に残してきているから、一家団らんという当たりまえの幸せも、やすらぎもなかった。

建設途中の首都新京には、ほかに娯楽施設もない。外に出れば、馬賊や匪賊が横行して治安は悪く、年度初めの物流計画案を関東軍司令部にもっていけば、若造の参謀から、「こんな生ぬるい計画案なんか承認できるか！」と、つっ返される始末だった。――おまけに疫病が流行《はや》っていたり、内地ではあり得ないことが多すぎるよ、ったく――。

国務院にきている官吏たちは、そんなグチりかたをした。

「もっとも俸給は、内地にいたときの十倍ももらえるのは魅力ですけどね。わたしみたいに三十歳になったばかりの若造でも、大審院（現在の最高裁）の院長並みの給料ですからね」

そういう武藤は、夕方役所を出れば、日本の料亭で憂さばらしというのが、定番になっている。酒はもともと嫌いなほうではなかったが、毎晩のように鍛えている近ごろでは、めっぽう強くなっていた。今夜も武藤は、色っぽい三十がらみの芸者がお酌してくれる杯を一気に飲みほしてから、おもむろに言った。

「先月、東京に出張したおり、商工省に岸さんを訪ねたんですよ。そうしたら、近々工務局長の辞令がおりるから、それを一年ほどやらないと満州には行けないと言っていました」

「あそこは、吉野《よしの》（信次）次官が岸さんを手放したがらないんだ。関東軍の片倉（衷《ただし》）参謀あたりが、板垣から言われて、いくども足を運んだらしい。岸さんはこちらにきたがっているんだけど、吉野さんがウンと言わないんだな。吉野・岸コンビで商工省を動かしている手前、もう少し待ってくれっていう返事ばかりらしい。それで岸さんは、ほかに何か言っていなかったかね」

「いくつかの企業の責任者を役所によんで、満州へ移転させる方向で説得しているらしいです。こちらは着々と満州の産業開発を準備中なんだが、石原莞爾のやつがじゃましてねえって、ボヤいていました」

「石原は東京によく帰ってきて、満州の産業立国化に反対だ、と主張しているということはボクの耳にも入っている。〈関東軍が立ち上がったのは、自分たちの耕地をもたない東北の農民五百万人を入植させて、一軒あたり二十町歩の耕地を与えるためだ〉、というわけだ。〈そもそも王道楽土とは、そういうものだ。オレもつまらない軍服なんか脱いでいいんだ〉、と吠《ほ》えているそうだよ」

「それじゃあ、岸さんやわれわれがめざしている産業立国とは、大違いですね」

実際、満州経営には軍と満州国政府の足並みが揃っていなかった。

その軍の中にもまた、石原らとは意見が真っ向から対立する勢力があった。満州派のリーダー永田鉄山（大佐）らは、岸が持論にする、統制経済理論、国家理論の信奉者たちで、「よし、この岸理論で現在の行きづまった産業経済を満州で立て直して、不景気を吹っとばそうではないか」を合い言葉にしていた。

事実、永田は毎週メンバーを招集して研究会を開き、そこにはいつも岸がよばれていた。めざすは満州の産業立国化と近代都市国家建設であった。

それでもなお満州事変の立て役者石原は、農地を細分化して小農園を基盤にした、楽園づくりを主張して譲らない。

「岸さん曰《いわ》く、〈石原は山形の貧農の姿をみながら育ったから、農民的発想しかできない男なんだ〉、と怒っていました」

これでは建国が成ったものの、満州経営がいっこうに進まない。満州問題は八方ふさがりだった。

「わたしたちの部署も、裁判所や監獄の創設までもっていかないことには、法治国家になりませんからね。でも国務院で悪戦苦闘している古海さんや、これからくる岸さんたちのことを考えると、グチは言っていられませんよ」

黙ってうなずいていた古海が、ため息まじりに言った。

「なにしろ、見渡すかぎりのコーリャン畑と、その先は無人の曠野《こうや》だ。そこに工場群をもちこんで、岸さんの音頭とりで、近代都市国家をつくろうっていうんだからね。ダルマの爺さん（高橋是清蔵相）も言っていたように、国家挙げての大事業だから、われわれはその先兵というわけだ」

そう言ったあとで古海忠之は昭和七年四月のある夕刻のことを思いだしていた。

その日、東京の青山通りに面した広大な高橋邸は、ちょうど桜が満開だった。そこに、星野直樹《なおき》や古海忠之たち満州に赴任する大蔵省の課長クラス十二人が招かれて、送別会が開かれた。

一夕の夕餉《ゆうげ》の膳と酒が揃ったところで、高橋は古海らをみまわした。

「満州国は建国されたが、知ってのとおり、まだ政府の体をなしていない。そこで各省の、いずれは局長以上になるような人材を送りこむことになった。大蔵省も率先して、まず諸君たちを第一陣として送ることになったわけだから、国造りのために、さすがは大蔵省出身者だけのことはある、という範を示してもらいたい」

聞いていた古海らは、――いつもは慎重で重厚な高橋大臣にはめずらしく、高らかな進軍ラッパを吹くもんだなあ――。

そう思いながら聞いているうちに、これは陸軍の永田鉄山からの注文だなと、気がついた。

今夕の高橋蔵相の訓示は、そこまでがいってみればタテマエだった。そこからは表情を崩して、いつもの温容な顔になると、

「君たちには日本のことは二の次にして、満州人の身になって、彼らの真の幸福のために働いてもらいたいね。現地の物産なども、つぶさに知るように努めることだよ。満州大豆などは特に大事だね。いやあ、君たちがうらやましい。もう二十年若かったら、この仕事はわたしが引き受けていたよ」

ふっくらとした顔付きからダルマの異名をとる大臣は、そういって励ましてくれた。

一九三六年（昭和十一）　岸信介の来満

ジョーカー登場

昭和十一年（一九三六）十月のある日。新京の目抜き通り大同大街にそびえる赤レンガの関東軍司令部に、衛兵の挙手をうけて、一台の黒塗りの公用車が正面玄関にすべり込んできた。降り立ったのは、前日、東京から満州国国務院に赴任してきた岸信介だった。ほっそりとした体軀《たいく》を濃紺の三《み》つ揃《ぞろ》いの背広に身を包んだ知的な容姿は、霞ヶ関の中央官庁にいる役人の典型である。

だが、顔付きはとみれば、すこぶる個性的であった。出っ歯でギョロ目、ほおの筋肉が前に迫りだしているところは、どうひいき目にみても男前ではない。しかも、この上ないほど聞き上手といわれるだけあって、耳の大きさも並ではなかった。顔のつくりなどは、男にとってはどうでもいいようなものかもしれない。だが、それでもこの男には、後年、昭和の〝妖怪〟といわれたような、ただものではない片鱗とオーラがあった。

岸は商工省の工務局長として最近まで東京で異彩を放っていたが、それより以前から〈商工省に岸あり〉の名声は、霞ヶ関だけではなく、陸軍の中枢にも聞こえていた。明治新政府発足以来、陸軍と縁の深い長州の出であるから、老将軍から現役の軍官僚にいたるまで人脈をもっているだけでなく、産業開発のキーマンとして財界にも顔が広く、睨《にら》みもきく。その岸の到来を三階の執務室で待っていたのは、関東軍参謀長板垣征四郎中将であった。板垣といえば五年前、石原莞爾と共に満州事変を仕掛けた張本人であった。その後は満州国執政顧問、軍政部最高顧問を歴任した、文字どおり〝満州国生みの親〟といわれてきた。石原莞爾のような天才肌でクセの強い男を、大きく包みこんで、もてる力量を発揮させる大人の風格があるところから、満州の西郷隆盛ともいわれた。

板垣は、岸を迎えると、「やあ満州へ着任、ご苦労さまです」とにこやかに挨拶してから、向かいの革椅子を勧めた。大柄で恰幅《かっぷく》がよく、口髭に軍服と黒の長靴《ちょうか》がにあい、頭のてっぺんから脚の先まで、陸軍軍人らしいオーラをもつ男であった。

板垣は、子分格の甘粕正彦のように、時計をみながらせかせかと用件を済ませてしまうのではなく、まず相手に話しやすい空気をつくってから、本題に入るのが流儀だった。

「この夏、東京へ出張したおり、連合艦隊の米内《よない》（光政《みつまさ》）長官もちょうど上京していましてね。築地のお座敷で飲んだのですが、あなたがた兄弟の話がでましたよ。海軍の佐藤（市郎）大佐の噂は、いろんな方面から聞こえていましたが、海軍の至宝だと、米内さんも言っていました。われわれ関東軍は実は佐藤大佐の弟を狙っているんですよ、と言ったら、米内さんは、〈いやそれは難しいな。商工省が手放さんだろう〉、って真顔で言っていましたよ」と板垣が笑うと、岸も苦笑いした。

板垣の口から出た岸の実兄・佐藤市郎は、ロンドンの海軍軍縮予備交渉で、山本五十六の下で働いたこともあり、山本から佐藤・岸兄弟の話が米内に伝わり、板垣にも伝わっていたらしい。岸と向かい合った板垣は、煙草を勧めながら、

「ところで岸さん、あなたの来満については、片倉参謀あたりから、相当無理をいわれていたようですな」

実際、昭和七年（一九三二）三月に成った満州国建国直後から、関東軍は当時商工省工務局工政課長の岸に、白羽の矢を立てていた。だが、実際に陸軍が注目した

のはもっと早く、岸が昭和五年五月に二回目の欧州各国への出張から帰国し、産業経済を国家の管理下に置くドイツ方式についての報告会をおこなったときや、作成した報告書が出たときであったから、相当古い。その後陸軍から三顧の礼で迎えられると、ようやく腰をあげて満州に乗り込んできたのだった。

岸は四方山話《よもやまばなし》が終わると、現地軍の実力者と向かい合った今、立ちあい負けしないよう先手を打った。

「満州の産業が育たないのは、軍が口を出しすぎるからです。あれでは、財界がソッポを向いてしまうのは当たりまえですよ。わたしは軍から満州の産業経済を取りあげて、自らの手で育てるために満州にきました」

物事を始めるのに、まず先手を打っておくのは、以前から身についていた岸の流儀であった。大人の風格のある板垣参謀長は、苦笑いしながらうなずいた。

「わたしは内地で食いつめてきたわけじゃありませんから、気にいらなければ、いつでも帰りますよ」

そう言い放つと、板垣から、「もともとそのつもりで来ていただいたのですから、思う存分やってください」の一札をとってしまった。上位の者にはあけすけに、下の者には言いふくめるように、ソフトな言いかたをするのが岸流だった。

一九三七年（昭和十二）七月　日華事変勃発

奉天特務機関中田光一の証言

岸信介が満州に着任すると三ヵ月たらずで年がかわり、昭和十二年となった。そして内地が七夕祭りでにぎわっていた七月七日の夜、とんでもない事件が起きた。長い日華事変のきっかけとなる盧溝橋《ろこうきょう》事件である。

当時、奉天特務機関にいた中田光一は、たまたま北京にいて、事件の一報を知ると現場付近に潜入して情報収集に追われていた。ときどきあがる花火のような照明弾の青い光が尾をひきながら消えると、またあたりはもとの闇に包まれた。中田のほうに、先任の機関員迫田《さこた》史郎が、ひっそりとした闇の中から顔を近づけてきて、押し殺すように言った。

「こりゃあへたすると、全面衝突に広がるかもしれんな。なんせ相手は、蔣介石の正規軍だからな」

中田はしばらく黙っていた。チッチッチッ、リーンリーンリーンと、人間同士の争いなどとは無縁の、虫の音だけが暗闇を支配していた。それから中田がおもむろに応じた。

「こちらは歩一（麻布歩兵第一連隊）の兵士だから、連中は運が悪いですよ。なんせ二・二六の香田大尉や栗原《くりはら》中尉の部下ですからね」

特務機関は広く大陸に情報網を張りめぐらせ、軍の裏表の機密まで知りつくしていた。相手の動きを察知するだけでなく、阿片の密売から殺人まで、数々の謀略にかかわっていた事実は広く知られてはいた。

戦後、命からがら帰還した中田光一は、しばらくは実名を伏せて、メディアの世界の片隅で生きてきた謎めいた人物、とみられていた。晩年は熱海《あたみ》に隠居していたが、当時取材のために訪れるといつも快く迎えてくれ、話はつきなかった。

「満州と支那にまたがっていた特務機関員は、ほとんど還《かえ》っていないですな。先方もこちらの存在はわかっているから、帰してもらえないんですよ。わたしみたいに運よく脱出してきたものでも、互いに、あの話は墓場までもっていく、という暗黙の了解があるからね」

そう語る眼光は、ときに鋭かった。あるとき、自分のビールのグラスに小さじで何かを入れる仕草をしてみせながら、「一服盛ったことも数知れませんよ」と小声で言った。

そんな得体の知れないところのある中田だが、日本の行く末を案じて、命を張って闘っていた事実もあったことに、あらためて驚いた。

「むなしかったことが多かったね。その最たるものは支那事変ですな。あれほど、バカげた戦争はなかった。満州事変のように領土的野心があったわけでもなく、大義名分もない戦の連続で、蔣介石国民党軍を弱体化させてしまっただけだからね」

相手のふところに飛びこんで、謀略を仕掛けている特務機関員でさえも、それを知りながら任務に励んでいたとは。

中田は、窓外の初島を見やりながら、呟くように言った。

「あの戦争がなかったら、中華民国は蔣介石政権がつづいて、中共なんか中央には出てきていませんよ。支那事変が始まってからも、蔣介石は国際連盟に、満蒙問題の提訴をとりさげてもいい、と言っていたしね。そうすれば、日本もアメリカも、安心していられたし、満州はもっと発展したね。対米戦争だって起きていませんな」

特務機関は日本が占領している熱河や、蒙彊《もうきょう》（万里の長城北側の地区）産の阿片を栽培者から買いあげて、広く中国大陸や東南アジアにまで売りさばいていたという。

「わたしが扱ったのは、生阿片でした。春先に人間の大人のコブシぐらいになった実にナイフをいれて、白い液体をとりだす。煉《ね》っているうちに黒っぽくなって、ちょうど車のタイヤぐらいの大きさに丸く仕上げるんですよ。阿片の吸飲者は、これを末端の売人から少しずつ買って、長いキセルで吸うんです」

蔣介石軍の幹部を通して、蔣介石にこちらから貢いだ阿片も少なくない。日華は底辺が阿片でつながっていた。それが日華事変を長引かせた原因ではないか。

甘粕正彦は終戦を見届けて、満州で自決した。戦後、ソ連と中国に十八年間も囚われていた古海忠之は、阿片はすべて自分が指揮していた、甘粕も岸も関係ない、と証言している。古海は帰国後、財界人として復帰。岸に恩義を感じて、かばっているのではないだろうか。

「岸さんは面倒みのいい人だからねえ……」

とだけしか中田は言わなかった。

岸は戦後、台湾のロビイストとして知られていた。総理就任後、最初の歴訪国のひとつも台湾で、蔣介石と会って意気投合している。

「大アジア主義という、政治理念で共鳴していたからね。終戦時に、徳をもって怨《うら》みに報いるとして、賠償放棄をしたうえに、日本兵をすぐ帰還させてくれたことへの、お礼でしょう」とだけ答えた。

中田は相当なことをしてきただけに、語れないものをもっているにちがいない。明らかに、阿片と岸とのかかわりは避けられてしまった。中田は、支那事変ほどバカげた戦争はなかったといっていたが、阿片の一件も、中田にとってはバカげた話の一つにすぎないのかもしれない。

事変解決を阻んだ通州事件　一九三七年七月二十九日

歴史の転換にはいつも仕掛け人がいる。日本と蔣介石を戦わせたい中共（中国共産党）では、劉少奇《りゅうしょうき》が動いて、北京大学の学生や共産党分子を使い、盧溝橋付近に駐屯していた日本軍に向けて発砲させたことは、現在の中国側の歴史研究者たちも認めている。

筋書きどおり、事は動きだし、日本軍と蔣介石軍は正面から衝突した。だが、すぐに双方の現地軍の参謀が丸く押さえ込んでしまったのは、想定外だった。

そこで中共は、再度仕掛けに出た。世にいう通州事件である。当時、上海の同盟通信記者によると、

「トップの松本（重治）さんから、大至急で北京郊外の現地にいかされましてね。そうしたら、むごたらしいのなんの」

さすがに思いだすのもつらいのか、件《くだん》の記者はそのあとをためらった。それから一気に吐きだした。

「二百数十人いた日本人居留民区の全員が殺害されていたんですよ。女性はすべて強姦《ごうかん》されたあと殺され、子供の生首が塀の上にずらっと並べてあったんです。実際、ヘドを吐きましたよ。そのあとも、しばらく飯が喉を通らなかったです。それで激怒した日本軍は、派手に蔣介石側に攻撃を仕掛け、延々と戦いはつづいてしまったのです」

中支、北支を四年間転戦した上島三代治曹長は、こう語る。

「徐州戦線が終わって南京に向かっているわれわれの部隊に、作家の石川達三《いしかわたつぞう》氏が取材にみえたんです。手柄話として、誇張して話している兵隊もいましたが、真実に近い部分もありますよ。まずい箇所は伏せ字にして、『生きてゐる兵隊』というタイトルの本が中央公論から出ていますが、すぐに発禁処分となって、著者も編集長も罰金刑になっているはずです」

蔣介石と戦うべきでなかった

特務の中田も現地にかけつけたが、

「あれが原因で、支那人の女とみれば、復讐《ふくしゆう》するようになってしまったわけだよ。トラウマだね。大陸の野火はなかなか消えないというけど、それから延々と広がるばかり。結局、大義名分のない戦争になってしまった。してやったりの中共にしてみれば、孫子の兵法〝智者《ちしや》は戦わずして勝つ〟を実践したことになりますな」

中田はその後、満州国境沿いのソ連情報を集めていたが、落胆したことがある。

「いつのまにか、赤軍兵力の火力と装備が急速に伸びていたのには驚いたねえ。あれは満州事変がもたらしたマイナス面ですよ」

そこで奉天特務機関は、支那事変にソ連がどう動くかに、注目することになった。特務機関長は、部員の中から数人集めて、「満州との国境の向こう側に潜入して、赤軍の装備や動きを探ってこい」と命令した。そこで中田ら三名は、馬賊の頭目の目にかなった若者を案内につけ、自らも馬賊に変装して国境の沼地を越え、赤軍の動向を探っていたのだ。

「満ソ国境のウスリー川は、雪どけ水が広がっていて、どこが国境線なんだかわからなくてね。満人の小舟を借りて、向こう側にやっとたどり着くことができたよ」

そういう中田自身は、一ヵ月後に一人、伝令として奉天に戻って、機関長に報告したが、「ご苦労であった」と言われただけで、報告した内容に、さしたる関心を示さなかったという。

現地に残った中田以外の二人はどうなったのか。

「行方知れずのままだった。捕まって射殺されたか、赤軍に取り込まれて、そのまま協力者になった可能性もあるけど。向こうもこちらの情報がほしいからね。敵中に潜入する特務は、生きるか死ぬか、の厳しい運命が待っているんですよ。特務になったときから、わたしは親兄弟をすてたんです。でも、死んだからといって靖国《やすくに》神社にまつられることもないと思うと、悲しかったですな」

そう言って、中田は寂しそうな顔をしてから、話題を変えた。

「赤軍側は急きょ日本の侵攻に備えていたんだよ。機甲化部隊が集まりはじめていたからね。大型戦車の後ろにマンドリン銃（短い機関銃）をもった歩兵がついて進撃する陣形をとっていた。だからノモンハンで日本軍は、いとも簡単にひねりつぶされちゃった。陸軍の装備といえば、あいかわらず歩兵がもっていたのは三八銃だからね」

その言葉にはやはり説得力がある。

「なんたって石原莞爾、板垣征四郎、東条英機は、昭和陸軍の主役だからね。その三人がいずれも三八銃をかついでイッチニ、イッチニの歩兵科出身で、頭は日露戦争のときのまんまだよ。彼らは近代科学を理解していないし、アメリカも見ていない連中ばかりだったんだ」

昭和十三年が明けると早々に、「爾後《じご》、国民政府を対手とせず」という近衛声明が出た。日本と蔣介石国民党を戦わせたいソ連が、日本に潜入させたリヒャルト・ゾルゲの国際諜報団が仕掛けたもので、近衛のブレーン尾崎秀実《ほつみ》の進言を、近衛は真に受けてしまったのだ。蔣介石をとことん敵にまわすことの愚に、日本政府が気がついていれば、本気で蔣介石との和平の道も開けたはずだった。

　一方アメリカは、中国大陸に陸軍情報局（ＭＩＤ）と海軍情報局（ＯＮＩ）の工作員を放って、必死に情報を集めていた。当然彼らが注目したのは、関東軍の動きである。

　ツバメのように舞い戻ったかと思えば、再び風のように姿を消して、大陸に広く暗躍した奉天特務機関の中田光一がさらに言った。

「われわれは、アメリカの影を感じてはいたけど、摑《つか》みきれなかったですな。なにしろ、支那人をうまく手先に使うので、区別がつかなかった。こちらが使っていた工作員が、実はアメリカ側に通じていたことなんか、めずらしくなかったからね。けた違いのドルの威力ですよ。この世界では、札束の厚さが誠意のしるしだからね。でも結局、日本も蔣介石も、あんな結果になってしまった。〈家窮して賢児出《い》ず〉というのに、何ゆえ蔣介石側にも日本にも、中共の戦略に踊らされていることに気づいた智者がいなかったのだろうか、いつも不思議に思っていましたよ」

満州権益を巡るせめぎ合い

明治末期、満州に色気をみせるアメリカの仲介で、辛くも日露戦争に勝利した日本。さっそくアメリカは鉄道王ハリマンを日本に送って、満州の共同経営をもちかけたが、小村寿太郎外相の反対で流れてしまった。そして二度目のチャンスが巡ってきた。満州共同経営を仕掛けたのは日本であった。昭和十二年九月のことである。

ここは満州国の新京。新しい首都の官庁街順天大街の一画に、東京の国会議事堂を思わせる国務院が、あたりを睥睨《へいげい》するようにそびえている。その二階にある産業部次長の自室に、側近の古海忠之、椎名悦三郎、武藤富雄をよんだ岸信介は、いつになく真剣な面持ちで語りかけた。

「君たちには前にも言ってあるように、昨年わたしがこちらに赴任してきてからもたびたび上京して、内地の優良企業の経営陣に集まってもらって、満州への誘致をもちかけてきたわけだ。それでスタートした満州産業開発五ヵ年計画が、軌道に乗りはじめたのはけっこうなんだがね。しかしご承知のように、ここにきて支那事変が始まったおかげで、日本を支える満州国の役割が急速に増大してきている。満州はじっくり育てたかったんだが、そうも言っていられなくなってね。そこで、思い切った政策転換をはかることになったが、柱は満州の日米共同経営だ。それで君たちの意見を聞きたいので、集まってもらった」

するとと古海が、真っ先に口火を切った。

「日支相撃つの戦時下で、大丈夫ですかね。アメリカは蒋介石に肩入れせざるを得ないですから」

確かに支那に巨大な市場をもつアメリカは、蒋介石を敵にまわしたくない。

「それよりも、中共の勢力が増大するのを防ぐためには、アメリカは蒋介石軍を援助せざるを得ない、という理由のほうが大きいのではないですか。いずれにしても、アメリカも難しい選択を迫られることになりますね」

そこで岸は話を元に戻して、内地に出張していた用件がどこまで進展してきたか説明することにした。帰国するたびに日産コンツェルンの総帥鮎川義介を日産自動車の社長室に訪ね、口説き落としにかかっていたのだ。

先週は日産本社ではなく、赤坂見附《あかさかみつけ》にほど近い紀尾井町に、大きな屋敷をかまえる鮎川を自宅に訪ねた。赤穂の大石内蔵助《おおいしくらのすけ》の屋敷から移築した、茅《かや》ぶきの門をくぐると離れの茶室に通された。そこで例によって、電力の供給能力、労働力、開発を始めた鉱山や撫順《ぶじゅん》炭鉱の生産量など、数字をあげて説得しているうちに、鮎川はようやく重い腰をあげてきた。

「うちの自動車部門だけが満州に移っても、たいしたことにはならない。移るとなると、日産傘下の企業をそっくりもっていくだけでなく、日本中の関連企業も引き入れるくらいの覚悟でやらないとだめですな。それには巨額の資金がいるから、満州の鉱山や土地の全部を担保にして、米国資本を導入したらどうですか。それに満州経営は産業立国の建設だけではありませんからね。広大な沃野で大農園経営するという、第二のアメリカ合衆国建設も、単なる謳《うた》い文句《もんく》ではなくなりますよ」

内心〝しめた！〟と思った岸は、「そうなれば、満州国政府も全力挙げて支援しますよ」と約束した。

長州人のこの二人。志も大きいが、やることもけたはずれである。岸が三人の部下にその話をすると、

「それは壮大な計画ですね。これはすごいや」

と古海がまず驚いて、ほかの二人も喜色満面だった。

「でも国務院だけで話を進めても……」と武藤が言いかけると、

「実はきのう関東軍司令部に説明にでむくと、植田（謙吉・大将）司令官も東条参謀長（英機・中将）も大いに乗り気だったよ。陸軍にとってもいい話だから、当然なんだ。アメリカをスポンサーにもって、われわれが開発を進めれば、国際連盟も蔣介石も反対はできないし、ソ連だって満州に打ってでることはできなくなるからね」

「何のために岸さんがいつも内地に出張するのか、おおかたのことは知っていましたけどね。これはアジを釣りにいって、クジラがかかったようなものですね」

「そのあとボクは満鉄支社に行って支社長に説明してから、大連本社に電話をいれると、折りかえし松岡総裁がでてね。〈これで開発計画は加速度的に進むじゃないか。外務省にはローズヴェルトによく説明しておくように、すぐ連絡する〉と言って、喜んでいたよ」

むろん日本側からアメリカへの提案は、大資本の導入である。

案の定、これにはアメリカ側は大統領も側近も大いに乗り気になり、パイロット・プランもできあがってきた。さっそく鮎川義介率いる日産コンツェルンが総力をあげて満州に移転し、満業（満州重工業）となったが、この満業を中核にして、満州の産業開発が、うなりをあげて進みはじめた。

不幸なパナイ号事件　一九三七年（昭和十二年十二月）

そこへ思わぬ事件が降ってわいた。アメリカの砲艦パナイ号誤爆事件である。揚子江の南京付近を上流に向かって航行していたパナイ号と三隻のスタンダード石油のタンカーを、日本の海軍機が誤爆して、三人の死者と七十五人の負傷者をだした事件である。折あしくパナイ号には、陥落寸前の南京を脱出していくアメリカ領事館員、通信士、海軍武官、報道カメラマン、米国人避難民が乗り合わせていた。そのパナイ号につづいて、タンカー一隻も黒炎をあげて沈没してしまった。

当然、日米間は騒然となったが、悪いときに悪いことが重なった。翌日の十三日には、事件現場に近い中華民国の首都南京が陥落して、世上にいう〝南京事件〟が起きたのである。蔣介石側の言い分に沿ったまま、世界のメディアがセンセーショナルに報道して、追いうちをかけた。

パナイ号事件から十日後の夕刻、山本五十六海軍次官は現地調査から帰ってきた三人の海軍将校を引きつれて、赤坂霊南坂のアメリカ大使館にやってきた。それから大使の執務室の床いっぱいに地図を広げると、海軍機の進入路を示しながら、三時間にわたって熱演した。

「日本の海軍機から見ますと、パナイ号の位置はここです。当日は南京から脱出していく蔣介石軍の船舶が、アメリカ船を盾にしながら周辺にびっしりとりついていました。しかも、いずれの船舶も星条旗をかかげて偽装しておったので、海軍機の操縦員は見分けにくかったのです。したがいまして無差別爆撃、故意のいずれでもなく、誤爆だったことをぜひともご理解いただきたい。しかしながら今回の不祥事につきましては、日本海軍はただ頭をさげるだけです」

グルーを正面から見すえながら、熱い口調で語りかけたこのときの山本は、

〈何ゆえパナイ号が、蔣介石軍の船を護衛していたのですか。タンカーの一隻は蔣介石軍の船に補給活動、ほかの二隻は蔣介石軍の航空燃料を積んでいましたね〉

といった、米国側を刺激するような言葉は、一切口にしなかった。事件発生の必然性を指摘するのは抑え、偶然性だけを表にだして乗りきろうとしたのである。

旧知の間柄のグルーと山本は、会談が大づめに差しかかると、二人だけで大使公

邸の庭にでて話しこんでいたが、

「偶発事故とはいえ、海軍はただ陳謝するのみです」

と山本は再び頭をさげ、賠償金、遺族への補償と再発防止策をたんねんに説明した。

海の向こうのアメリカでは、山本と同じ郷里の斎藤博駐米大使が、全米のラジオを通じて、涙声で繰り返し謝罪した。

「日本大使のヒロシ・サイトウです。今回の事件でわたくしは日本国民を代表して、全米のみなさまに対し、ただただ深くおわびいたします」

東京からの訓電を待たずに、全米向けのラジオ局の番組を買いとっての謝罪放送だった。

意外な人たちの行動もあった。日本の婦人や子供たちが謝罪文を書いて大使夫人のアリスに手渡したり、花を届けにきたのである。グルーは、〈日本人の良識と良心、いまだ健在なり〉と国務省に電報を送った。

その一方で国務省は、日本国内にはまたしても〈建国に血を流さなかったアメリカ〉との共同経営に反対する意見もあることを、グルーからの報告で知ることになった。いくら日本びいきの大使でも、情報は情報として本国に報告せざるを得なかったのである。

大統領側近たちも、「中止したほうが無難ですよ」と、大統領を説得して、「そういうことだね」となってしまった。

満州の指導者たちとパナイ号事件

このころ、岸信介は満州産業開発五ヵ年計画に向けて、鮎川義介や日本企業の経営者たちと、毎日のように会合をつづけていたが、終わると新京の料亭八千代か桃園での宴席が待っていた。

岸が主賓ともなれば、どこの女将《おかみ》たちも心得たもので、お気に入りの芸者を揃えてくれていた。この日は満業がセットしたもので、鮎川総裁、高碕達之助《たかさきたつのすけ》副総裁のほかに国務院の岸、満鉄総裁に返り咲いた松岡洋右がよばれていた。口火をきったのは、東洋製缶社長から満業に転じたばかりの高碕だった。

「わたしはここにいる満業の鮎川さんのところに、金属類の配給を分けてもらいにきたのに、副総裁を引き受けるならと条件をつけられましてな。ほんま、えらいことですわ。どうやら、鮎川さんをたきつけたのは、岸さんと松岡さんらしいと、睨んでますのや。わたしのような、いっかいの大阪あきんどでは、長州三人組にかないませんわ。でもわしも男だす。腹くくりましたよって、よろしゅう頼みます」この挨拶には、みんな苦笑いした。

芸者衆の小唄や踊りがひととおり済むと、話題はパナイ号事件になった。

「外務省からの連絡では、アメリカ国民はえらく立腹しているそうですな。アメリカ嫌いのわたしだから言うわけでもないんですが、連中は復讐心に燃えた二丁拳銃のカウボーイみたいなもんでね。単純なやつらだから、始末が悪い。日本討つべしと、騒いでいるらしい」

そんな松岡の話を聞かされた岸は、当然ながら少しも酒がうまくない。アメリカを当てにしていただけに、おもしろかろうはずもなかった。お座敷の四人の客はみんな渋い顔しているから、年嵩《としかさ》の姐《ねえ》さんが二人お酌に残っただけで、芸者衆は引きあげてしまった。

静かに飲んでいた鮎川は、

「あのパナイ号事件は、昭和十二年十二月十二日だから、数字の十二ばかりが並んだ日に起きたんだ。十三の一つ手前だから、不吉な道への序曲だったというわけらしい」

そう言ってから、きのう東日（東京日日新聞）の記者から聞きだした情報を口にした。

「事件の翌日に、事件現場の目の前の南京が陥落したんだな。その前後の混乱の中で起きた殺害事件が、パナイ号事件によって、実態をはるかに越えた数字となって、世界に向けて発信されているというんだ」

松岡もその話は聞いていた。

「なにしろ支那人は宣伝活動に長《た》けているからなあ。欧米のメディアを利用した、〝白髪三千丈〟式プロパガンダは、絶好のタイミングも重なって効果抜群だったらしい。なにしろ、〈凶暴な日本軍〉として世界に向けて、センセーショナルに報道されているというからな」

「問題はそれなんだよ」

鮎川はそう言ってから、きのう会ったばかりだという東京朝日の記者の話をした。

「カリフォルニアのサンディエゴでは、パナイ号で亡くなった乗組員の葬儀が、盛大にとり行われたそうだ。朝日のロス支局員の報告では、犠牲者が高級士官ならともかく、一水兵の葬儀にしては、デカすぎると。そのうえ、未亡人や母親の悲嘆にくれた姿は、全米の新聞一面にのって大々的に報道されているそうだ」

外務省出身の松岡はにがりきった表情だった。

「未亡人や母親たちへの同情は、そっこく日本への憎悪となって何倍かになって跳ね返ってきているからねえ。はじめのうちは、夫や息子が兵役についている家族、特に女性たちの反応がもの凄かったそうだが、全米の婦人たちに飛び火しちゃったんだよ。女が強い国だから、始末が悪い。アメリカ世論がここまで硬化すると、困るのはローズヴェルトやハルだな。これじゃあ、満州の共同経営どころじゃない」

黙って聞いていた岸が、持論を述べた。

「日米関係を悪化させようとする影の存在が、支那だけでなく、ヨーロッパにもアメリカにも顕在しているということですよ。謀略をいとわない各国の諜報活動だけでなく、メディアの姿勢には、要注意です。支那事変がそうだったように、背後から仕掛けてくるのは、たいてい共産主義者たちですからね。われわれ（満州国政府）が掌握している情報でも、赤の脅威が忍び寄っているのは明らかです」

今日集まった各界の指導者四人。反共主義者を自認する岸信介ならずとも、彼らはパナイ号事件のような偶発的な出来事を利用して、満州共同経営という新たな日米関係をぶちこわそうとする影の存在に、暗然たる心持ちになった。

「不気味な時代の到来だな」

鮎川が呟いた。

アイデアマン鮎川のフグ計画

だが一代で日産コンツェルンを築いた鮎川は、転んでもただでは起きない。思わぬところで事件が起きて、満州の日米共同経営が頓挫してしまうとさすがに頭をかかえていたが、すぐに実業家鮎川は異能ぶりを発揮する。

鮎川は日産グループを満州に移す以前から、すでに『ドイツ系ユダヤ人五万人の満州移住計画について』(昭和九年)、と題する論文を発表して世間を驚かせたことがあった。

上海や満州にはロシア革命で逃れたり、ヒトラーのユダヤ人迫害から逃れてきたドイツ系ユダヤ人が、五万人もいることに目をつけたのである。

そもそもこの鮎川義介という伝説の人物は、長州藩士の流れをくみ、山口中学では岸信介の先輩にあたり、しかも岸の遠縁にあたる人だった。松岡洋右は岸の縁者にあたるから、鮎川との三人組は互いに浅からぬ縁でつながり、〃満州の二キ三スケ〃の三スケということになる。ちなみに、二キは東条英機、星野直樹である。

パナイ号事件で流れた、日米共同の満州経営にかわる方策を模索していた鮎川は、みずから三年前に考えついたユダヤ系アメリカ資本の導入を実施することにした。そこで新京の大通り「大同大街」にある、満州重工本社の社長室に岸信介をよんだ。

「ドイツ系ユダヤ人は、いわば無国籍の流浪の民だからね。その彼らを、公式に満州国に受け入れて自治区に保護するんだ。その実績をテコにして、巨大なユダヤ系アメリカ資本を誘致して、満州産業開発を促進させる、というのはどうかね」

〈さすがにアイデアマンの鮎川だな〉、と感心した岸は、もっと詳しく知りたくなった。

「では鮎川総裁の構想の中身を、もう少し具体的に聞かせてください」

「ボクは〃フグ計画〃とよんでいるんだがね。食べればじつにうまいが、猛毒をもっているからさ。ユダヤ人が優秀なのは科学・技術の面だけじゃない。経済力でも世界に深く浸透しているから、味方にすればこれ以上頼もしい存在はない。しかし一方で、ヒトラーが恐怖をいだいたほどだから、すさまじいほどの団結力を背景に、敵にまわすと底知れぬ恐ろしさも発揮する。まさに〝フグの猛毒〟さ」

「確かにアメリカのユダヤ系資本は、ニューヨークの株取引の中心的存在だし、ハリウッドの映画産業、全米鉄道網のもち株比率もはんぱではありません。アメリカの大統領だって、彼らの支援がないと選挙に勝てないくらいだから、反対はしないでしょう」

岸は賛成の意向だったが、注文もつけた。

「ドイツ系ユダヤ人やロシア系ユダヤ人なら問題ありませんが、革命を逃れてきた白系ロシア人とは、一線を画したほうが無難です」

と言ってから、問題点に踏み込んだ。

「白系ロシア人も無国籍です。五族協和の謳い文句の中に実質的には入れていますが、法的には入れていないんですよ。今国務院では、司法部の武藤（富雄）君を中心に、国籍法の制定について研究させているところです。満州在住の人間には、民族的背景に関係なく、等しく満州国籍を与えようというわけです。しかしネックは白系ロシア人です。彼らを入れると、ソ連を刺激することになるといって、関東軍も東京の陸軍中央も反対しています。彼らの言い分にも一理ありますからね」

「むろん白系ロシア人には手をつけませんよ。これが実現すれば、ユダヤ系の英国ロスチャイルド銀行なんかも入ってくるだろうから、可能性は広がっていく。アメリカと英国の資本が入ってくるということは、経営権の一部も要求してくるだろうが、そのぶん満州は安泰になりますよ。ソ連の脅威もなくなるから、関東軍の規模を縮小できるしね」

魔物が棲《す》む満州とフグ計画の末路

ではそのフグ計画は、その後どうなったのか。鮎川は訪ねてきた日本企業の経営陣を前にして、はじめのうちは上機嫌だった。

「満州国政府も満鉄も賛同してくれましてね。関東軍も、〈満州とソ連の国境にもう一つの万里の長城を築くことになるから、それは名案だ〉というんで、大賛成でしたよ。ユダヤ人問題の専門家陸軍大佐の安江仙弘《のりひろ》と、同じく海軍大佐犬塚惟重《これしげ》らもすぐに動きはじめました。内地では政府の五相会議（総理、陸相、海相、蔵相、外相）でもゴーサインをだしてきたんです」

　そこから鮎川の表情は一変する。

「ところが思わぬ事態が発生しまして。陸軍の中央がユダヤ人迫害を強めはじめたドイツ・ナチス党との友好を深めるにつれて、だんだんトーン・ダウンしたんですな。最後は、日独伊《にちどくい》三国同盟の締結で、計画は頓挫してしまったのです。やっぱり日米間には、魔物が棲んでいるんですな」

　実際、日本では三国同盟への流れは足を早めだしていた。

一九三八年（昭和十三） 泥沼に引き込まれた日中戦争

近衛首相周辺とスパイの触手

昭和十三年正月明けのある日、荻窪《おぎくぼ》郊外にある近衛首相の私邸荻外荘《てきがいそう》に、ブレーンの後藤隆之助《りゅうのすけ》が訪ねてきた。

近衛家には目白（現新宿区下落合《しもおちあい》）に本邸があった。だが、荻窪から少し離れた近くに善福寺川が流れ、遠くは富士山《ふじさん》まで一望のもとに見渡せる静寂なたたずまいのこの別邸を、近衛はたいそう気にいっていた。

いつも見なれた光景だったが、木立がうっそうと茂った南側斜面の陽だまりの中に、ひっそりとたたずんでいる近衛邸は、「いかにも孤高の政治家の屋敷らしいなあ」と、後藤には思われた。

この日は、「少し相談したいことがあるので……」と、近衛によばれてやってきたのだが、いつものように地味な着物のうえに羽織をはおった近衛は、応接室で葉巻をくわえながら、どこか浮かぬ顔をしていた。

「支那事変が始まってもうすぐ半年にもなるというのに、いっこうに収まる気配がない。それどころか、軍は中支、北支にまで増派要求をつきつけてきて困っているんだ」

と近衛は言ってから、ため息をついた。

後藤は近衛と一高時代の同級生だったが、互いに京大にいってから、天下国家を論じ合うようになって親しくなった。昭和研究会の発起人にもなったが、第一次近衛内閣で組閣参謀を務めたのが後藤だった。しかし今日の近衛が、「何とかならんかなあ……」と考え込んでいる弱気な表情をみて、後藤は心配になった。今に始まったわけではなかったが、いつもよりさらに落ちこんでいる姿をみて、後藤はあらためて妙案を考えなければ、という気になった。

「で、きのう参内したおり、陛下は何と」

「うん、それなんだがね、おかみもご心痛の様子だったが、〈あんなに広い大陸に、二個師団を増派したぐらいで、大丈夫なのか。居留民の安全確保もあるではないか〉と、おっしゃられてね。それはボクの考えている方向とは、いささか違っているのだが、どうしたものかな」

「それって、陛下はもっと増派したほうがいい、というお考えなのですね」

二人はしばらく沈黙していたが、後藤は持論をきりだした。

「支那は四ヵ月でかたづきます、と調子のいいことを進言した杉山（元）陸相の言葉を、陛下はまだ本気にされているんでしょうかね。そもそも、四ヵ月で……には、根拠なんかありませんよ。そこでですね、総理。支那問題に明るいブレーンをいれてみてはいかがですか。ただし評論家や学者では、この際役にたちませんよ」

「そうだね。誰かあてはあるのかね」

軍の事情に明るく、特に事変の推移をよくみている民間人となると、ジャーナリストか満鉄調査部の人間ということになる。

「同盟（通信）の松本重治はどうですか。彼は無類の支那通というだけでなく、広く支那の要人と人脈がありますから、和平の話がでてくれば、役にたちますよ。中支那方面軍司令官の松井大将（石根《いわね》）ともじっこんの仲で、〈松井さんはリベラルで、人格者だよ〉なんて言っていました」

「あの松本重治か。よく知っているよ。いいじゃないか」

と、初めて近衛はニッコリした。

そこで後藤が動いて、松本はまもなく近衛の側近の一人に加わった。

世間では「血は争えない」という。五摂家筆頭の家柄をほこる近衛であるから、元老松方正義一族の血をひく毛並みのよさや、一高の後輩でもある松本なら安心できると考えたらしい。

武闘派のキーマン武藤章《あきら》という男

それから一ヵ月がたったある日、同盟の重役室に、後藤隆之助が松本を訪ねてきた。

「松本君。総理側近の居心地はどうかね」

と挨拶がわりの枕詞《まくらことば》を言ってから、武藤章のことをたずねた。満州国政府の武藤富雄とは違う、もう一人のこの武藤は、陸軍の暴れん坊でドンパチ屋の異名をとる武藤章である。若いときから永田鉄山に私淑して統制派の寵児《ちょうじ》ともてはやされてきた。日米開戦前に武官として、アメリカとの交渉に加わる使節の随員になることにもなる男である。

この日の後藤は、〈支那事変解決のガン〉のように立ちはだかっている武藤章のことで、松本の意見を聞いておきたかったのである。

「武藤はいろいろいわれている人間だけど、松本君の目にはどう映っているのかね」

聞かれた松本は、すかさず応じた。

「評判どおりの男ですよ。とにかく我が強くて押しが強いうえに、ケンカっぱやい。しかも、やっかいなことに、事変の早期解決を模索している参謀本部とは肌色が違う、積極派だから始末が悪い」

「やっぱり君にもそうみえるのか……。確かに支那事変を引っ張っている親方は武藤大佐だね。何といっても武藤だよ」

と、確信ありげだった。

そこでジャーナリストの本性で、松本は根拠を聞いておきたくなった。

「どうしてそう思っているわけですか」

「ボクははじめから武藤だと思っていたんだ。あれはやっぱり中心人物だな」

と後藤はいかにも自信ありげだった。これは石原莞爾から得た情報に違いない。

松本がそう見当をつけていたところ、後藤はなおも、

「武藤は戦争拡大派だね、やっぱり、拡大派の親方は武藤だよ」

と重ねて言った。聞いていた松本は、ジャーナリストとして取材したり、陸軍省や参謀本部の記者クラブの感触だとことわってから、

「あたってみた参謀本部の連中は、だんぜん不拡大派ですね。〈あんなだだっ広い国では、一つの都市を陥落させたって、また相手は後方に後退していくだけだから、こちらは補給が追いつかない〉って、こぼしていましたよ。〈点と線を押さえても、面を押さえているわけじゃないから〉、とも言っていたけど。しかし陸軍省には拡大派が揃っているのが、やっかいですね。その親玉が武藤ってわけです」

後藤にとってはそこが理解しにくいところだったので、確かめることにした。

「だけどあの男は、盧溝橋事件《ろこうきょうじけん》のときは、参謀本部にいたはずだ。参謀本部にいながら拡大派で、肩書は作戦課長だったかな」

「そうです。参謀本部で作戦課長といえば、出世コースですけどね。でもさすがに居心地が悪かったのか、それからまもなく陸軍省に移るんですよ」

「軍というところは、上のほうは不拡大派、非戦派が押さえていても、下のほうの

連中からは〈なんだ、腰抜けどもめ〉というわけで、突きあげをくうらしいね。だから行け行けドンドンで、威勢のいい武藤のような男は若手のうけがいい、というのが通り相場らしいね」

「そうなんです。それが最も危ないパターンですね。海軍では、そんな下剋上《げこくじょう》はあり得ません。満州事変だって、若い石原中佐が火つけ役で牽引者《けんいんしゃ》でしたからね。本庄《ほんじょう》（繁）軍司令官さえ、〈突発事件の勃発で報告する時間がありませんでしたから〉、といって事後報告でまるめこまれてしまったのです」

そういわれてみれば、後藤には思い当たるふしがあったのか、

「陸軍の下剋上という風潮は、満州が原因だな。なんでもまかり通ってしまう満州だから、そこで味をしめた若造たちが東京の陸軍中央にもちこんだのだと思うね」

「二・二六事件だって、当初は満州帰りの中橋基明（近衛歩兵三連隊中尉）が、青年将校運動のリーダーだったんですよ。それで栗原や香田なんかが、ついていってしまったんです。でも武藤は、さすがに彼らと一線を画していたようです」

武藤の話に戻ったところで、松本がおもしろい話を聞かせた。

「ところが事変の不拡大を主張していた石原莞爾が第一作戦部長の席にいたんですよ。不拡大というより、正面きって反対したそうです。〈山海関を越えて攻め込む

ことはまかりならん〉と。武藤と石原がケンカするのを、ボクは直接みたわけじゃないけど、二人は激しくやりあっていたそうです。とにかく石原が、〈これ以上山海関から関内に兵を入れたりすると、とんでもないことになる〉と主張すると、武藤に〈貴様は満州事変を起こした張本人ではないか。勝手なことを満州でやりたい放題やっておいて、今ごろ何を文句いうんだ〉ってやられて。石原もそう言われると、やっぱりスネに傷があるから、黙っちゃったそうです」

「今の話で、納得がいったよ。先日、総理が参内したおり、陛下は、〈いったい石原という男は、何を考えているのかよくわからないところがある。満州事変のときと違って、今度の支那との戦争には強く反対していることに、わたしは正当性があると思う〉と、おっしゃられたそうだ」

「そうなると、陛下が支那派遣軍の増派を支持されているのは、事変の早期解決をはかり、かつ兵士や居留民を守るため、やむをえない措置とお考えになっているからですね」

「戦局が行きづまると、武藤章のような拡大派で推進力のある男の主張は、部下たちにうけがいいんだ。世間も〈勝ってくるぞと勇ましく〉というわけで、時流に流されていくからなあ……」

「へたをすると、行き着くところまで行ってしまうかもしれませんね」

大陸の野火は燃え広がるままの様相をみせてきた。

東京に潜入したゾルゲ国際諜報団

このころ近衛首相は、もう一人支那通のブレーンを入れることになった。大阪朝日新聞の上海特派員から、東京朝日、さらに満鉄調査部東京支社に転じた尾崎秀実であった。実は尾崎は、人には言えない重い秘密をかかえていた。

それは遡ること九年前になる。当時、大阪朝日の特派員として上海にいた尾崎は、アメリカ人女性ジャーナリストでアメリカ共産党員の、アグネス・スメドレーと知り合った。ところが彼女は、モスクワの共産党本部に通じ、中共の毛沢東や周恩来からも信頼されている女性だった。ネギを背負ってきたカモの尾崎をほっておく手はない。日本を代表する新聞社の特派員であり、願ってもいない情報マンが登場してきたからである。

国際都市のそこは、情報の中心地でもあった。各国のメディアがひしめいているだけでなく、得体の知れない諜報員が暗躍する魔都上海は、一歩踏み外せばまことに怖いところであった。

まもなく尾崎は、フランス租界の彼女のアパートに招かれたとき、酒の勢いもあって、積極的な彼女の前に陥《おと》されてしまった。

そんな逢瀬《おうせ》を重ねていたある日、ベッドから先に起きあがって身支度していた尾崎に、スメドレーはとろっとした目つきのまま、

「ねえ、あなたにぜひ会わせたい人がいるのよ」

と、言って紹介されたのが、ジョンソンという名のドイツ人記者であった。これが運命の男リヒャルト・ゾルゲとの出会いだったのだが、まだその男の本名も正体も知らなかった。


その後帰国した尾崎を追うように日本に潜入した男は、奈良興福寺近くの猿沢池《さるさわのいけ》のほとりに尾崎を呼びだした。

「オザキさん。久しぶりです」

挨拶は日本語だったが、そこからドイツ語になった。重たいバリトンの渋い声。

尾崎は大柄の元ドイツ軍兵士を懐かしく思いだした。

「実は今東京にいるんだが、奈良には四日前からきていたんだ。この味わい深い歴史の都をみてからオザキに会ったほうが、意味深いと思ってね」

聞きようによってはキザに聞こえるが、このときの尾崎には、むしろすがすがしい学究肌の文化人にみえ、すっかり心酔してしまった。尾崎のそんな表情を、国際諜報団のボスは見逃しはしなかった。男は一気につめ寄ってきたのである。

「わたしの本名はリヒャルト・ゾルゲというんだ。君にはおりいって頼みがある。日本の状況を教えてほしいんだ。軍事情勢、政治、経済のことだ。もちろんそれには、ジャーナリストとしての君の見解もそえてもらいたい」

いわれた尾崎は、すんだ青い目の魔力の前に、金しばりに遭ってしまった。それからためらうことなく言った。

「ボクにできることなら何でもするよ。もう覚悟はできているんだ」

こうして尾崎は、ルビコン川を渡ってしまった。それは祖国の反逆者となることを意味する、もうけっして引き返すことのできない運命の川であった。

――かつてローマ軍を率いたシーザーもそうだったが、あのイエスもルカ伝の中で言っていたではないか。〝未来の栄光を信じて前進していく以外に道はないのだ〟と――。

それからほどなくして、尾崎は東京朝日新聞本社に新たに設けられた、「東亜問題調査会」の専門委員として東京に赴任してくることになった。

そこはまさに、ゾルゲがほしがっている軍事・政治・経済の問題を扱う部署だった。だがほどなくして、大学の先輩の手びきで、虎ノ門にある満鉄調査部東京支社調査室に迎えられた。そこは一新聞社のもつ情報をはるかに超えた、世界の満鉄調査部であるから、情報の中心部に入ったことになる。

そんなとき高等学校と大学で同期の友人牛場友彦《ともひこ》と、知り合いの内閣書記官長風見章に口説かれて、近衛内閣のブレーンになったのだった。

時の総理の補佐役を引き受けてしまったものの、尾崎は思いあぐねていた。

――近衛さんの側近になって国家機密に近づくよりも、一定の距離をおいて従来どおり周囲の人間たちから情報を得て分析する、ジャーナリストの姿勢を貫くべきだったのだ。変な男気をだしたのがいけなかったな。しかもこれからは、ゾルゲからの要求がエスカレートして、内閣の最高機密にまでおよんでくることは必至だ。ゾルゲの後ろには、クレムリンがついている。スターリンの要求に沿って、ゾルゲから近衛内閣の〈操作〉まで依頼される恐れさえある――。

そう考えると、尾崎は、背筋に冷たい汗が流れるのを感じた。

速度を速めた三国同盟への動き

首相の近衛文麿《ふみまろ》は三国同盟には本心では反対だった。

——ドイツは日本と協同でソ連をハサミうちにする戦略だが、資源のないシベリアを日本が獲《と》ったところで、実益はない。ドイツは背後をソ連に衝《つ》かれずに、西側ヨーロッパ諸国を攻撃できることになるから、利するのはドイツばかりで、日本には利のない同盟にすぎない——。

それがわかっていながら、何ゆえ近衛内閣で三国同盟を締結してしまうのか。近衛内閣の最も罪深い失態である。欠落していたのは、〈アメリカにとって、三国同盟はどんな意味をもつことになるのか〉、という視点である。

ドイツの侵攻によって危機にさらされているヨーロッパ、なかでもアメリカと一枚岩の英国を見殺しにするわけにはいかない。参戦の機会をうかがっている、そんなアメリカと対立してまで、独伊と同盟を結んだ日本の国際戦略は何だったのかということになる。

揺さぶりをかけたのは、側近の尾崎秀実だったのだが、その尾崎は荻窪郊外にある近衛の私邸荻外荘をたびたび訪ねていた。この日は若葉の陰からまぶしい太陽が顔をだしている、五月中旬のある日のことだった。近ごろ体調が思わしくないといって、私邸で人と会うことが多かった近衛は、都心から離れた静かな荻外荘で、着物姿でくつろいでいるせいか、元気そうにみえた。

「総理。今日はドイツが盛んにせっついてきている三国同盟の件で、ぜひ進言させていただきたいことがあって、やってきました。アメリカを参戦させないためには、三国同盟では弱いと思います。ここは思い切ってソ連を引き入れて、四国同盟を締結したらいかがでしょう」

尾崎はすでにコミンテルン（別名：国際共産党）のメンバーに登録され、インヴエストのコードネームをもっていたが、〈わたしが橋渡ししてもいいですよ〉とはむろん言うわけにはいかない。

「四国同盟なら、米英と対決するニュー・ブロックの構築になりますから、アメリカの脅しなんかに負けませんよ。ローズヴェルトは三期目の大統領選挙を控えて、国民の支持をとりつけるのに、躍起になっています。ですから今年年頭の一般教書演説でも言っているように、〈枢軸国は悪のヤイバをぬいている〉、などと言って国民の不安を煽っているのです」

　黙ったまま煙草を吹かしていた近衛は、ローズヴェルトのことには触れずに、

「四国同盟……か。そうだね、考えてみようじゃないか」

　お公家《くげ》さんらしい、いつもの冷めた表情の言いかただった。

　だが尾崎はその前に、ゾルゲの意見を聞いていた。

「なに四国同盟だって？　君は大事なことに気がついていないな。独ソ間の抜きさしならない不信感、ヒトラーとスターリンが、互いに嫌悪感をいだいている事実を見落としているよ。そもそも二人の独裁者は、一つにはなれないのは、通り相場ではないかね」

　と、そっけない言いかたで返してから、

「今は、独ソ不可侵条約があるから、ヒトラーは背後をソ連から攻められないようにしてあるが、これだってヨーロッパ戦線に集中できるようにする、一時しのぎさ。それよりも、独ソ戦が近いと、わたしは読んでいるんだ。不可侵条約をもちかけたヒトラーを、一応はスターリンもうけたが、はなからヒトラーなんか信用していないんだ」

　――ドイツ人でありながら、ソ連のスパイになっているゾルゲだからこそ、わか

ることらしい――。

尾崎はそう納得したものの、近衛に進言してみる気にかわりなかった。

――四国同盟がだめになっても、三国同盟に戻るだけのことだ。そうなれば、日本はアメリカと戦うことになる。ソ連としては、日米戦争を高みの見物ができると、ゾルゲも言っていたな。しかし日本人であるボクとしては、日本が負けるのは不本意だが……四国同盟にゾルゲが興味を示さなかったのは、これがいちばんの理由に違いない――。

尾崎はそう考えた。

一九三九年（昭和十四）　風雲急を告げる欧州と虎視《こし》眈々《たんたん》たる米国

ドイツの快進撃と姑息《こそく》なソ連

一九三九年（昭和十四）、突如としてドイツのチェコスロバキア制圧が二月から始まると、三月中旬には完了していた。まさに電撃作戦の開始であり、世界の政治家もジャーナリストも、これを〝春の嵐〟とよんだ。だが嵐なら一過性の現象だが、戦争の時代への序曲になってしまうのである。

ドイツと周辺国に朝日新聞特派員として、戦前・戦後合わせて、二十五年間滞在した笹本駿二《ささもとしゅんじ》。『第二次世界大戦下のヨーロッパ』、『第二次世界大戦前夜』（いずれも岩波新書）を著しているが、後にこう語る。

「チェコスロバキアがドイツに呑《の》まれていくのを手をこまねいていただけでなく、

ドイツの手助けさえしたのが、イギリスのチェンバレン首相とフランスのダラディエ首相です。英仏独伊による前年のミュンヘン会議をみていると、ドイツが主張するチェコスロバキアのズデーテン地方の割譲をあっさり認めた、まさに〈腰抜け外交〉です。チェンバレンにいたっては、〈ヒトラーは少々暴れん坊だが、私は彼が好きだ〉なんて、ゴマをすっている始末でした」

第一次世界大戦が終了した翌一九一九年に戦勝国イギリス、フランスが中心となってドイツの再軍備を防止し、ドイツ包囲網を築いたヴェルサイユ体制など、二十年もたってみればどこ吹く風と、復興を遂げたドイツが攻勢をかけてきた。

このドイツの勢いを、第一次世界大戦直後から予見していた日本軍人たちがいた。日本では大正中期になるが、ドイツやその周辺国のスイス、オーストリアに武官として滞在してつぶさに見ていたのが永田鉄山、東条英機、山下奉文《ともゆき》、河辺正三《まさかず》、梅津美治郎《よしじろう》ら、将来の日本陸軍を背負って立つ若手将校たちであった。同時に、多くは親独派の軍人として、日本を破滅の方向に引っ張っていく面々でもある。

一方、第一次世界大戦直後と昭和初期の二回にわたってドイツに長期出張して産業経済を研究していたのが、商工省の若手エリート岸信介であった。このとき岸は、軍民一体となった猛烈な働きぶり、産業を国家の管理下に置く総力戦体制をみて、〈この国はまもなく以前にもまして強力な国になる〉と確信したという。

第二次世界大戦勃発

時の流れを一九三九年（昭和十四）に戻すと、年明け早々にドイツ軍はチェコスロバキアに侵入すると、早くもポーランドを視界にいれていた。

ドイツとソ連の動きに注目していた先の笹本は、講演や対談などでよく言っていた。

「昭和十四年当時、わたしはソ連がバルト三国（エストニア、ラトビア、リトアニア）を併合する日が近いとみておったのですが、翌年の六月に現実のものとなりました。その勢いで同じ六月には、ルーマニア領のベッサビア、ブコビナも占領してしまいます。この年（一九三九）に成った独ソ不可侵条約（八月二十三日締結）には、事前に秘密協定によって東ヨーロッパとフィンランドを、ドイツとソビエトの勢力範囲に分けることが謳われ、相互の権益を尊重するというものだったのですが、条約締結前にソ連が動いたわけです。ソ連お得意の火事場泥棒です」

ソ連にはソ連なりの読みがあったということだろうが、時は風雲急を告げていた。

ドイツは、ソ連との不可侵条約が締結される九日後には、ポーランドに侵入すると、二日後の九月三日には、英仏がドイツに宣戦布告して第二次世界大戦が勃発する。

それから一ヵ月の早業で、ドイツはポーランド戦を完遂していた。それにつづいてフランスと交戦状態に入っていたが、これをスターリンはチャンスとみて、ドイツに勢いがつく前の六月の時点で、バルト三国と、ルーマニアの一部を獲ってしまったわけである。

おもしろくないのはドイツ。そもそもドイツとソ連は、双方に隣接する国々を巡って勢力拡大、戦略体制強化にしのぎを削ってきた。独ソの相互不信には領土拡大を巡る歴史があったのだが、今回の不可侵条約締結前にソ連がとった行動で、ドイツの対ソ不信感はぬぐいがたくなってしまった。

笹本はこう語る。

「それでもこの年の八月二十三日、独ソ不可侵条約は締結されますが、双方のぎくしゃくした関係はおおうべくもなかったのです。この〈不可侵条約〉は、国際的な批判をかわすための表向きの事案であって、中身は〈東欧、フィンランドなどの分割協議〉です。ソ連はそれを事前に破っただけでなく、中身まで早くも露呈させたことで、ヒトラーの怒りは収まらないわけです。そこでソ連との事案は後まわしにして、ドイツはポーランドを制圧してしまいました。ポーランドは独ソの事前協議の対象になっていませんでしたが、明らかにソ連への当てつけです。ポーランドがドイツ圏内に入ったことは、独ソが国境を接することになるのです。これでスターリンも側近のモロトフ外相も、心穏やかではありません。しかし英仏がドイツに宣戦布告して第二次世界大戦が始まりましたから、スターリンとしては模様眺めです。このころのヒトラーは、かなり焦っていました。フランスを早くかたづけ、その勢いをかって英国本土上陸を視野に入れている間に、ソ連がいつ独ソ不可侵条約を破棄してくるかもわからないからです」

そこでドイツのリッベントロープ外相はスターリンに書簡を送り、モロトフ人民委員会議長兼外務人民委員をベルリンに招いて、「世界戦略構想について協議したい」、と申し入れた。というより、すっかりこじれた独ソ関係を修復したいのが本音であった。しかし、もう少し推移を見きわめたいスターリンはなかなか応じようとしなかった。

それでも領土問題、世界政策の調整ということであるから、スターリンはやっと腰をあげ、モロトフをベルリンに送りこんできた。時は一年以上経過して、翌年十一月十二日だった。

ヒトラー、モロトフに四国同盟提案

以後三日間、笹本はベルリンで、モロトフ対ヒトラー、リッベントロープの、火花を散らす四回にわたる会談を取材した。

「全世界が注目していた会談でした。結論から先に言いますと、この会談でヒトラーは、対ソ攻撃を決意したのです」

ではいったい何があったのか。

一回目の会談では、事前にベルリンのリッベントロープ外相から、モロトフを経由してスターリンに宛て送ってあった、書簡の内容を双方で確認し合った。曰く〈英国の敗北は時間の問題である〉、〈日独伊三国同盟は、英国が面している米国の参戦を阻止するためのものである〉、〈この三国同盟にソ連を加えた四国同盟の締結を進めたい〉というものであった。

ドイツ側のこの提案に対して、モロトフはリッベントロープに対しても、サシで行われたヒトラーとの会談でも、高圧的態度を崩さなかった。

笹本はこう語る。

「モロトフがあそこまで強気の態度を貫いたのは、明らかにスターリンの指示です。ノモンハン事件でみせた赤軍機甲化部隊に蹂躙《じゅうりん》された日本軍の脆弱《ぜいじゃく》さ、装備のお粗末さからして、立ち上がるまで二年は要するはずと読んでいたことも、強気の態度の背景でしょう」

そしてドイツ側の提案した四国同盟に対してモロトフは、「まだ時機尚早である」と言ってから、〈大東亜圏の概念があいまいである〉、と指摘した。かつて日露戦争で失った満州の線引きの見直し、沿海州方面の安定的保全のことをさしているのは明らかで、交渉相手は日本だと言いたいのである。

ドイツとの領有権問題では、バルチックでもバルカンでも、ソ連の権利主張に終始した。前者はバルト海に面したフィンランドに駐屯するドイツ軍が、盛んに反ソ宣伝をしている事実を非難し、後者はバルカン半島の領有を強く主張した。

怒りに堪えて聞いていたヒトラーはこのとき、〈ソ連撃つべし〉を決意したとみられる。実際、ドイツ軍がソ連になだれ込むのは、七ヵ月後の一九四一年六月二十二日のことである。

平和外交のキャッチボール

一方、日米関係が険悪の度をましていく中で、思いがけない〈使者〉がアメリカからやってきた。結核でこの年、昭和十四年（一九三九）二月、ワシントンで客死した駐米大使斎藤博の遺骨が、アメリカ海軍重巡洋艦アストリア号（排水量九千九百五十トン）で送られてくることになったのである。

斎藤博といえば、今を去る一年数ヵ月前、パナイ号誤爆事件で激高したアメリカ市民に対し、独断で全米のラジオを通じて涙声で謝罪した、あの駐米大使である。

アストリア号がアナポリス軍港を出港するときには、ローズヴェルトの指示で、海軍士官学校生徒が整列して見送ってくれた。そして遺骨は米海軍将兵たちによって、丁重に横浜港に送り届けられたのである。

形の上では、過ぎし日の一九二五年（大正十四）に、東京で客死したエドガー・A・バングロフト駐日大使の遺骨を、日本側が軽巡洋艦多摩で礼送した返礼ともみられた。だがグルー大使は、日本の国民感情に訴える米国が投げてきた政治的ボールに、日本がどんな反応を示すのかに注目していた。

「日本政府と国民は日米関係に新しい一ページが開かれたとして合衆国に対する親愛の情の波が国内に広がった。米艦乗組員のために余興や晩餐会、午餐《ごさん》会、観光旅行、園遊会、野球、陸上競技等々のプログラムを日本は念入りに練りだしていた。私はただ、米日双方にとって良い結果だけが生じることを望んでいた」（『滞日十年』）

そして、四月十七日、斎藤大使の遺骨が着いた。

午後一時すぎ、横浜港沖に錨《いかり》を下ろしたアストリア号から、斎藤大使の遺骨を乗せた内火艇が本艦を離れるタイミングを見計らって、出迎えに出ていた軽巡洋艦木《き》曽《そ》と互いに二十一発の礼砲を交わした。

大桟橋に整列して到着を待っている人々の中に、喪服の着物姿の斎藤夫人と二人の令嬢が、悄然《しょうぜん》と立ち尽くしている姿にグルー大使は気がついた。日本郵船龍田丸で、彼女たちは一足先に帰国していたのである。

グルーは夫人のほうに静かに歩み寄り、長身を折り曲げるようにして、握手しながら弔意を伝えている写真が残されている。夫人の姿をグルーは日記にこう記した。

「アリス（グルー夫人）は昨日斎藤夫人を弔問したが、彼女は驚嘆すべき女性である。今日の彼女は辛《つら》いなかにあっても優雅な気品で耐え抜いた、すばらしい流儀に非常に感心した」

大桟橋には、日米両国の儀仗兵《ぎじょうへい》が一糸乱れぬ姿で控えるなか、アストリア号艦長ターナー大佐から遺骨が日本の接伴委員長沢田廉三《れんぞう》に手渡されると、海軍楽隊が吹奏するショパンの葬送曲が流れていた。葬列の先頭にローズヴェルト大統領の花輪、次が有田外相の花輪、その次がグルー大使の花輪がつづく。

残された映像をみると、葬列にはグルー大使の隣に山本五十六海軍次官が付き添い、葬儀場の築地《つきじ》本願寺でも二人はときおり言葉を交わしながら、並んで祭壇の前に座って写っている。

「祭壇の遺影の傍らに飾られた、斎藤が日頃愛用していたオールドパーと吸いかけの煙草三本が妙に生々しく、印象的であった」

と、グルーは日記につづっている。

葬儀には、アストリア号のターナー艦長ら主だった乗組員も参列し、それぞれ焼香のあと、アメリカ合衆国を代表してグルー大使が弔辞を読んだ。後日、艦長以下乗組員はアメリカ大使館と芝の水交社に招かれ、各界の日本人と交流したが、なかでもターナー艦長は、グルー大使に伴われて皇居を訪ね、天皇に謁見する栄誉が与えられた。

グルー大使の演出もところどころにみられるが、日本の感謝と歓迎で沸いた葬送の任務を終え、〈平和の使者〉を務めたアストリア号は、四月二十六日に帰って行った。

だがなんという皮肉か、日米開戦後、アストリア号は第一次ソロモン海戦で日本艦隊に撃沈されてしまうのである。

米国、日米通商航海条約破棄を通告

アストリア号が投げたボールを、海軍も国民も感謝の意を込めて返球したが、陸軍は関心を示すことはなかった。アストリア号が帰っていった二週間後の五月十一日から満州とソ連の国境付近で起きたノモンハン事件の対応に追われていたことも、アメリカの不信感を買ったといわれる。

〈日本の政治の実権は、陸軍が握っている〉ことを、アメリカはあらためて知らされたのである。追いうちをかけるように、中国大陸での戦闘のニュースが映像でアメリカに伝えられていた。

グルーは、アストリア号が帰っていくとまもなく、一時帰国した。駐日大使も七年に及んで疲れていたこともあるが、ワシントンに戻って国務省や大統領と、対日関係改善策を伝えるつもりだったのである。

だが大統領も国務省も、「日本には言葉やゼスチャーではなく、行動で示せと伝えてほしい」とグルーに言ったばかりでなく、国務省の一部には、〈グルーの態度は日本側に寄りすぎている〉という批判もあった。

さらにグルーがワシントン滞在中の一九三九年七月二十六日、米国政府は「日米通商航海条約」の破棄を日本側に通告してきた。

〈中国における日本の行動と、米国が日米通商航海条約の精神を守って、日本に与えていた公正な待遇との間に大きな相違があるばかりか、拡大の一方である〉というのが理由であった。

日本が開国した安政五年（一八五八）、徳川幕府と初代アメリカ総領事タウンゼント・ハリスとの間で締結された日米修好通商条約は、明治になって改定されて日米通商航海条約となった。以後、日米関係の基盤となってきた歴史的条約が、米側から一方的に破棄されることになったのである。経済制裁で日本を屈服させられると考えたローズヴェルトは、グルーの進言を無視して強硬手段に出たのだ。

日米関係破綻への道に明確な形で踏み出したこのワンステップは、以後、対日石油輸出全面停止、ハル・ノートの「中国からの全面撤退」要求へと進んでいく。三国同盟もさることながら、開戦のカギを握っていたのは、中国市場を巡る日米の経済戦であった。

日米通商航海条約が破棄されると、グルーはローズヴェルト大統領をホワイトハウスに訪ね、

「制裁は常に戦争の誘因になります。経済制裁を発動すると日本は戦争を覚悟し、蘭印《らんいん》（現インドネシア）を取りに行くのは確実です」

と強い口調で言った。

ハーバード大学で二年後輩にあたる大統領とは、互いにファースト・ネームでよび合う仲だったが、このときは、

「日本にそんな真似《まね》はさせないさ」

と冷淡で強気な発言に終始した。

グルーはアメリカによる対日経済制裁について、覚書にこうつづる。

「米英は経済制裁によって、日本が短時間のうちに屈服すると信じているが、その意見に私は同意しない。私は日本と日本人をよく知っている。日本人は長い歴史を通じて災難と不運に馴《な》らされてきた強壮な人たちであり、どこの国民よりも『やるか死ぬか』の精神を深く叩《たた》き込《こ》まれている。彼らは下帯をもう一度きつく締めて事を行うだろう。石油、ゴムその他の軍事物資の供給が止まっても、彼らは食糧の米だけあれば戦争できるのだ」

忍耐と不屈の精神、勇気を日本人の特質と日頃から評価していた、グルーらしい記述である。

そして時は九月に入り、ヨーロッパでは第二次世界大戦が勃発すると、その後のドイツの快進撃は日本にはどう映ったのか。冷淡になってきた米国側につくか、それとも快進撃をつづけるドイツにつくのか。

追い詰められ、必死に出口を探す日本。だがもう一つ別の、やっかいな存在が忍び寄ってきた。〈赤の恐怖〉である。

一九四〇年(昭和十五)九月　運命の三国同盟締結

松岡の独断専行

日本が国際連盟を脱退した昭和八年(一九三三)三月から、半年がたった十月にはドイツも脱退した。手負いのトラ同士は徒党を組みやすいといわれるが、ファシスト党を率いるイタリアのムッソリーニと日本を引き入れ、三国同盟締結をめざすことになった。

世界が分極化していく時代であるから、お互いに同盟国をもたないとやっていけなかったのだ。最大の目的は、当然、軍事同盟である。日本に熱心にもちかけたのはドイツのヒトラーであった。時あたかもヨーロッパでは、ドイツがポーランドに侵入したのを皮きりに、快進撃が始まっていたときだった。

日本側で同盟締結を主導したのは、親ドイツ派の将軍たちから若手将校まで幅広い。これに乗ったのが外務省の親独派で、満鉄総裁から外務大臣に転じた松岡洋右と若手外務官僚たちが、省内の主流派を形成していた。昭和十五年前後の日本外交は、枢軸派の軍人と、これに同調した、外務官僚の手に委ねられていたのである。

〈以後の日米関係悪化の元凶は三国同盟〉、とわかっていたのに、何ゆえ彼らは締結してしまったのか、今でも謎めいている。支那事変を戦った現地派遣軍の将校たちの多くは、意外な事実を告白する。

「支那事変の解決に焦っていたからですよ。事変の前線基地の背後で、ドイツの軍事顧問団が指導していたから、これを排除したかったのです」

それは、対米関係を犠牲にしても強行する価値はあったのか。陸軍軍人は、そこまでアメリカのことを知らなかった、ということなのだろうか。

外相松岡の主張は、〈快進撃をつづけるドイツの戦勝を、信じきれるのか否か〉ではなく、〈同盟締結の最大の狙いは、米国の参戦を阻止するため〉だった。独伊と日本が結べば、米国には脅威になる。だから〈参戦防止になる〉と。

その理由がまことにバカげていた。松岡は天皇の前で堂々と、〈アメリカにはドイツ系が半数はいますから、戦争となれば彼らが（ドイツと日本に）味方いたします〉と言ったという。『昭和天皇独白録』にはそう書いてある。ならば天皇は、ただ聞き流していたのかという、そんな疑問をもたざるを得ない。ドイツ系アメリカ人が対米戦では日本に味方するというなら、ヨーロッパ戦線の指揮をとることになるはずのアイゼンハワー将軍も日本に味方するのか、と聞きたくもなる。だがそんなバカげた話を、ごていねいにも吉田善吾《ぜんご》海相が真に受けてしまった。これも、さきの『独白録』に書いてある。

それで海軍は態度をかえて、三国同盟締結に賛成してしまったが、対米戦争となれば海軍が主役である。そこまで覚悟があったのか。さすがに海軍部内から責められ、吉田はノイローゼになって辞任してしまったというお粗末ぶりだった。

では、海軍上層部は全員が三国同盟に反対かといえば、永野修身軍令部総長のように、〈三国同盟は確かに危険だが、オランダ、フランスがドイツの占領下に入ると、海軍が喉から手が出るほどほしい蘭印の原油に手が届きやすくなる〉。それだけでなく〈ハノイ・ルートが押さえられるから、援蔣《えんしょう》ルートが遮断され、支那事変解決に寄与する〉という、目の前のオポチュニズムにすぎないドイツ頼みの戦略に傾いていく者もいた。

さらに陸軍上層部には、同盟締結前に対米関係に苦慮した形跡がみえないのも、不思議である。松岡外相が常々、〈アメリカはヨーロッパにクギづけです。ですから三国同盟でアメリカが立つことはありません〉、という言葉を信じてしまったのだろうか。

曲がり角を曲がった皇紀二六〇〇年

昭和十五年は、日本各地が皇紀二六〇〇年を祝う盛大な式典にわいた年だった。だが、この年の九月は、日本が大きな曲がり角を迎えたときでもあった。皇紀の末尾からゼロ戦の名で呼ばれた海軍の艦上戦闘機が、中国戦線でデビューして以来、華々しい活躍を始めたのもこの年の九月だった。

のちに第一航空艦隊参謀長として、空母赤城にあった草鹿《くさか》龍之介《りゅうのすけ》は、「山本長官に、明確に真珠湾攻撃の着想が浮かんだのは、このときのことでした」と言っている。むろん、引き金になったのは三国同盟である。

同じ月の二十七日には、有楽町の数寄屋橋に近い東京朝日新聞本社ビルの電光掲示板に、〈日独伊三国同盟締結さる。この世紀の感激〉のニュースが流れた。道行く人々はみんな足を止め、口をあんぐりと開けて見つめるばかりだった。

国内ばかりではなかった。このニュースは世界をもアッといわせた。日本は引き返すことの難しい、運命の川を渡ってしまった。

条約調印式はベルリンで行われ、ドイツ外相リッベントロープ、イタリア外相チアーノ、日本からは特命全権大使来栖三郎《くるすさぶろう》が条約に調印して、同盟はなった。ちなみに来栖は、野村吉三郎《のむらきちさぶろう》駐米大使と共に、日米交渉の大づめを迎えた翌年十一月末、ハル国務長官から『ハル・ノート』を手交されることになる、もう一人の駐米大使であった。

だがこの〈世紀の感激〉の三国同盟締結の報を、興津《おきつ》（静岡県）の坐漁荘《ざぎょそう》で聞かされた元老西園寺公望《さいおんじきんもち》は、深くため息をつくと側近の女たちに向かって言った。

「これでオマエたちも、畳の上で死ぬことはできなくなった」

その日一日、西園寺は床を離れることはなく、瞑目したままだった。

それから二週間後、西園寺の私設秘書原田熊雄は、日頃から親しくしている山本五十六が、瀬戸内海の柱島泊地から上京してきているのを知ると、帝国ホテルのグリルに呼びだした。

山本はいつものように濃紺の背広にソフトを被《かぶ》り、マスクをして現れた。目立たないようにしているのは、陸軍のまわし者の私服憲兵や外国人スパイの目を避けるためだと、原田にはすぐにみてとれた。

この日もう一つ、山本にはひそかな予定があることも、原田は知っていた。上京するたびに新橋の芸者梅龍の家がある芝神谷町《かみやちよう》でひそかに短い逢瀬を重ねていたからである。原田は周囲に視線を送ってから、小声で切りだした。

「エライことになりましたねえ」

「まったく言語道断だ。ドイツと同盟を結んで、得をした国がどこにあるのかね」

そう言ってから、怒ったときのクセで、山本は牛に当たり散らすように、大きな肉のかたまりを口に放りこんだ。

「しかしこうなった以上はだね、海軍としては思う存分準備のために（予算と戦略物資を）要求することになるから、それを何とかしてもらわなければならん。アメリカと戦争するということは、全世界を相手に戦うことだからね。ソビエトと不可侵条約を結んだところで、アメリカと戦争しているうちに、後ろからでてこないと、いったい誰が保証できるのかね。近衛や松岡のような浮ついた連中に乗せられて、海軍が地から足を外したらエライことになる。結局、ボクとしては最善を尽くして奮闘して討ち死にすることになる。東京なんか三度ぐらい丸焼けにされてみじめな目に遭うんだ。近衛だの、あの連中は縛り首か八つざきにされるさ。困ったことだけども、こうなったら、やむをえない」

「それで今回は、いつまで東京に滞在ですか？」

「明日の朝の特急でたつことになっている。西園寺公にも会っておきたかったが、よろしく言っておいてくれないか」

それより三日前のことだったが、原田は陸軍の石原莞爾から電話を受けていた。

「山本さんとどこかでぜひ会いたいので、都合を聞いておいてもらいたいのだが。今戦争を止められるのは、日本には山本さんしかいないからね」

しかし、山本は公私に多忙であるうえ、石原を嫌っていることも知っていたので、頼まれていた伝言は伝えず、短い四方山話で別れた。だが山本が別れぎわに、

「西園寺公にも会っておきたかったが……」

と原田にもらした一言は、やはりかなわぬことになった。それから一ヵ月半後、西園寺は九十年の人生に幕を閉じていたからである。

風雲急を告げるヨーロッパ

所かわって、こちらはソ連のモスクワ。日米開戦の年を迎えた一九四一年も、すでに六月中旬に入ったある日、スターリンはクレムリンの一画にある官邸で、朝の目覚めのコーヒーをすすりながら考え込んでいた。

――ヒトラーのやつ、ついに本性を現してきたな。戦車部隊をドイツ国境の東部に集結させはじめている――。

ちょうどそのとき、早くも登庁してきた腹心のミハイロヴィチ・モロトフが、コーヒーをつき合いながら、話を向けてきた。

「ドイツには資源がないから、ウクライナの穀倉地帯と、油田地帯のバクーを獲るつもりでいますね。ほしいのはパンと油というわけですかな」

だがスターリンは余裕のある表情だった。

「その前にモスクワに攻め込んでくるはずだが、こちらは半年もちこたえれば、強力な援軍がやつらを追いはらってくるさ」

「かつてのナポレオン軍のように、氷づけにしてやりますかな」

モロトフがかすかな笑みを浮かべると、スターリンは、

「一つ気になることがある。わがソ連邦がアメリカと対決するまでにまだ四年や五年あるが、やっかいなのはヤポンスキー（日本）だ。今年の冬将軍がくる前に、やつらにシベリアをつかれると、モスクワの背後があやうくなる。危機はこの七月か八月だろう。ヒトラーは日本に、〈すぐにモスクワの背後から攻め込んでくれ〉、と言ってくるはずだが、果たして日本が動くかどうかだ」

「日本とは不可侵条約がありますが、いざとなると、無視してくると考えておいたほうがいいですね」

東京のゾルゲが予言していたように、独ソ戦が現実のものとなったのは、それからまもない六月二十二日のことだった。独ソ不可侵条約を破ってドイツが、とつじょソ連との国境を破って快進撃を開始したのだ。

モロトフから緊急指令を受けた、東京狸穴《まみあな》にあるソ連大使館のコンスタンチン・スメターニンは焦ってしまった。大使を知る日本人から酒焼けと冗談好きの風貌から、〈ウオッカ男爵〉の異名をいただいている日頃の行状とはうってかわり、この日は緊張した面持ちで松岡洋右外相の私邸に現れると、本題をつきつけてきた。

「ソ日中立条約の遵守を明言していただきたい」

――ソ連を枢軸側に引き込む四国同盟の構想が崩れた今は、ソ連なんぞ適当にあしらっておけばいい。表面では調子のいいことをいっておくか――。

松岡はそう思いながらも根が正直だから、つい冷ややかな態度になった。

「三国同盟は、わが国外交政策の柱ですからな。日ソ中立条約がこの同盟に触れる場合には、三国同盟を優先せざるを得ませんな」

この一言で、スターリンもモロトフも凍りついてしまった。スターリンは、落胆しているモロトフに向かって、

「こうなったからには、日米対決を仕掛けるまでだ。そもそもわれわれは、そのつもりで動いてきたわけだから、まあ想定内だな」

そんな強がりをみせるスターリンの内心を見抜いているモロトフは、赤軍第四本部を督促して、東京のゾルゲに、緊急任務を打電させた。

「グリーン・ボックス（日本陸軍）はレッド（ソ連）に打ってでる気配ありや。レッド・フィールド（満州）に展開するグリーン・ツリー（関東軍）の動き注視せよ」

それからまもなくゾルゲ諜報団の通信士マックス・クラウゼンが返信してきた。

「満州市場の冬装備（テンなどの毛皮類）の値段に変化なし」

猜疑《さいぎ》心の強いスターリンは、〈関東軍に動きなし〉などの情報は、信用しないことをゾルゲは知っていた。そこで尾崎を通じて満鉄調査部に市場価格を調べさせ、関東軍が攻め入る兆候がないことを知らせたのである。

日本に押し寄せた独ソ戦の余波

ある日の早朝、尾崎は麻布一の橋（現麻布十番）の交差点に近い麻布永坂町のゾルゲの家をそっと訪ねた。早朝は、いちばん安全な時間帯だったからである。ゾルゲは、パジャマのうえにガウンを着てでてきた。

「このごろは、居心地が悪いよ。なにしろ、〈外国人をみたらスパイと思え〉、〈あなたの近くにいる外国人から目をはなすな！〉なんていうポスターが電柱にはってあるしね。でもここは安全だよ」

そう言ってゆびさした道路の向かいは鳥居坂署だった。つられて尾崎も笑った。

「確かに灯台もと暗しだね」

それから用件を告げることにした。

「ラムゼイ（ゾルゲのコードネーム）の言ったとおり、とうとう独ソ戦が始まったね。きのう近衛公に会ったら、〈四国同盟は絵にかいたモチだった。やっぱり他力本願だったのがまちがいだったなあ。日本に都合のよいサクセス・ストーリーなど、しょせんは砂上の楼閣だったんだ〉といって、しょげていたよ。四国同盟をもちかけたのはボクだから、〈世界情勢が味方しませんでした。申しわけありません〉と、あやまっておいたよ」

「コノエはほかに何か言っていなかったか」

とたずねたので、尾崎は近衛総理がきのう海軍の山本長官と電話で話した内容を伝えた。瀬戸内海の泊地にいる山本長官から近衛の私邸に電話があったのは、午後一時ごろであった。山本は、

「ドイツなんてそんな国ですから、あてにして行動を共にしたら、取りかえしがつかなくなりますよ。今度の独ソ戦でも、日本に何の連絡もなく、勝手に始めてしまったドイツに、義理立てする理由などありませんから、すぐに三国同盟を破棄してください。今がチャンスですからね」

「各方面から、いろんな意見がでてきているのは確かです。まあ一応、閣議にかけてみましょう」

で電話は終わった。近衛は考えてみた。

――山本は筋道をわきまえている男だから、及川《おいかわ》（古志郎）海相を通して意見を具申してくるはずだ。なのに、掟《おきて》を破って直接かけてくるところをみると、及川をまったく信用していないのだ――近衛が考えたのは、そこまでだった。


一方、旗艦長門《ながと》の長官室で、山本は暗然と考え込んでいた。

――こっちは連合艦隊を預かる身として、やむにやまれぬ直訴であることを、近衛はわかっていないのではないか。一応、閣議にはかけてみますだと？　今の返事は、まるで他人ごとのような口ぶりではないか。

及川も及川だ。前任者の吉田（善吾）海相がいったん賛成してしまった案件は、くつがえせない、ときたもんだ。この際、慣例がどうだ、前例がどうのこうの、言っている場合ではないではないか――。

まもなく上京してきた山本が、海軍省の大臣室にいた及川につかつかと歩み寄る光景を、大臣秘書官たちがみていた。軍帽を左手にかかえて直立不動の姿勢をとると、山本は一気につめ寄った。

「三国同盟締結を正式に決定したそうですが、そうなるとアメリカやアメリカの勢力下にある国から、戦略物資が入らなくなります。これをどう補てんするのか、お聞かせ願いたい」

一歩たじろいだ及川海相は、

「いろいろご意見もありましょうが、この同盟に反対すると、近衛内閣は瓦解することになります。それどころか、内乱になる可能性さえありますが、その責任は海軍がとることになります」

「一内閣が倒れようと、内乱になろうと国は滅びませんが、戦争で負けると日本は亡びることになるんですよ」

山本の気勢におされた及川は、返答に窮してしまった。

「長官が言われることはもっともだが、いろいろ国内事情があるゆえ、ここは勘弁してくれ」

戦争の火種となるさしせまった国際問題よりも、国内事情を優先する海相の返答に、怒り心頭に発してしまった山本は、一気に摑みかかった。

「勘弁で済むか！」

それからドアをバターンとしめて、大臣室をでていったが、この話はのちのちまで語り草になった。

一九四〇年（昭和十五）　忍び寄る赤い恐怖

動きだした米国共産党

日本が前門のトラに気をとられているうちに、後門のシベリア狼《おおかみ》がひそかに動きはじめた。モスクワの指令を受けたアメリカ共産党が、コロラドのデンバーにいた鬼頭銀一という日系人を諜報活動の中心地である上海に送りこんできた。男はまもなく関西に移り、東京との間を頻繁に行き来するようになったのは、尾崎と接触するためだった。

さらにロスアンゼルスの共産党日本人支部は、沖縄出身の在米日本人宮城与徳を東京に送りこんできた。宮城も東京に潜入したゾルゲと尾崎に、協力させるためであることは明らかである。

ということは、モスクワのコミンテルンは上海を拠点にした国際連絡部（オムス）とアメリカ共産党とを接触させていたことになる。このお膳だてをしたのは、尾崎のかつての恋人アグネス・スメドレーであった。

それからまもなくスメドレーは、西安の北二百五十キロにある中共の聖地延安の山岳ベースへ移動して、毛沢東や周恩来、劉少奇らと洞窟生活を共にしながら、熱く語りあっていた。

「日帝と蔣介石国民党を殲滅《せんめつ》せしめる中共の大勝利と、コミンテルンがかかげる世界共産革命の成就のために、全智《ち》全霊をもって闘おう」

しばらくの静寂のときがくると、彼女はおもむろに、

「わたしは今日のうちに山をおりて、上海に戻ります。東京にいるゾルゲや尾崎に連絡をとって、督促してくるわ。日本にシベリアに打ってでる北進策をやめさせ、南方の資源をとりにいく、南進策を近衛首相に進言させるのです。幸い尾崎は、近衛内閣のブレーンになっていますから、御前会議の内容や海軍の南進策など、超一級の国家機密が、すでにモスクワにとどいています」

そう言い残すと二人の護衛兵と共にスメドレーは山をおりていった。山のうえからは毛沢東らが、この稀有《けう》なアメリカ人女性にいつまでも手をふっていた。

南進を進言する尾崎

それから一週間がたった日曜日の午後、尾崎はまたしても近衛の私邸荻外荘を訪ねた。和服姿の近衛は、自分から一服つけて尾崎にも勧めると、静かに耳を傾けた。

「総理、ドイツの勢いに幻惑されてはいけません。近々ドイツ軍の進撃には急ブレーキがかかりますよ。赤軍を甘くみているのは、あれはヒトラーの誤算です。ソ連の機甲部隊の実力は、ノモンハンで実証済みですから」

近衛は白い煙の向こうで、小さくうなずいた。それをみてとった尾崎は、追いうちをかける。

「日本が必要としている天然資源は、シベリアなんかには何もありませんよ。それは南方以外にあり得ません。鉄や石油も今までのようにアメリカ頼みではなく、いわんや資源もなく輸送手段もないドイツなど論外です」

「もともと三国同盟には反対だったのだが、ボクの内閣で締結した以上、君も言っていたように、これにソ連を加えた四国同盟を真剣に考えてみたんだがね。英米を向こうにまわすからには、これで乗りきれると考えていたのだが、独ソの関係がこうなってしまうと、やっぱり他力本願がいけなかったんだ。しかし今後は、アメリカ相手の戦争も覚悟しておかなくてはならないからねえ」

――遅きに失した感はあるものの、まだやり直す可能性はあるのだから、反省しているのは悪いことではない。しかし対米戦を覚悟している一国の総理にしては、覇気がないなあ――。

そう思いながら、尾崎はこの貴公子を見つめてから、もう一度、念を押すことにした。

「これから日本が自存自衛を貫くためには、多少の犠牲や摩擦は覚悟しなくてはなりませんが、相手がどこになろうとも狙いは南方の資源以外にありません」

「いつだったか、連合艦隊の山本（五十六）長官にここにきてもらって、最悪の場合になったときの海軍の見通しを聞いてみたが、〈半年や一年なら存分に暴れてごらんにいれる。しかし二年三年となると、まったく自信がもてない〉と言っていたよ」

――さぞかしあの長官は、〈頼りない総理大臣だなあ〉と思ったに違いない――。

総理になってからの近衛をみていると、腹にイチモツもった尾崎には、こっけいでさえある。そこでカンフル剤のつもりで、強く進言した。

「今の世界情勢で、二年三年先のことを想定して行動しても仕方ないでしょう。どうせなら三十年、五十年先まで考えないと。建国して日が浅いアメリカでさえ、十九世紀末にはフィリピンを獲っているし、イギリス、オランダにいたっては、数百年も前から、南方の資源地帯を押さえています」

〈政治工作だと思われないように、気をつけろ〉と、ゾルゲから言われていたのを思いだした尾崎は、進言はそこまでで打ち切った。

のちに開戦になってからのことだが、近衛は〈なんだか見えないものに踊らされていた気がする〉と言っていた。

一方モスクワの狼は、アメリカでも動きだした。将来の長い国際戦略を考えれば、謀略を仕掛ける最大のターゲットは極東よりもアメリカである。

ローズヴェルト大統領の側近の中に、とんでもない人物が入り込んでいた事実は、かなり前から知られてはいた。日米関係が暗礁に乗りあげた昭和十六年初頭あたりから、モーゲンソー財務長官の信頼が厚いハリー・ホワイト次官補という、モスクワとひそかに通じていた男がいた。

だが、ホワイトなどは氷山の一角にすぎなかった。表面に出なかっただけで、ワナを仕掛けては去っていったり、FBIやCOI（後のCIA）に消されてしまった工作員など、数知れない。

アメリカ側の網にかかった工作員のことは、よほどの大事件でないと公表しないのが原則であった。捜査の手口を読まれてしまうだけでなく、相手は気づかずに再度仕掛けてくることがあるからだ。

日本の動きを注視する赤い諜報員たち

ソ連の動きを追っていた、奉天特務機関の中田光一が言う。

「モスクワが送りこんでいた諜報部員の主眼は、アメリカよりも、むしろ緊急課題の日本情報ですよ。ゾルゲがブケリッチ（旧ユーゴ出身）やクラウゼン（ドイツ出身）らと個々に潜入して、東京で落ちあって活動していたけど、たまたま一網打尽に捕まって、初めて公になったためずらしい例だね。ほかにも、捕まらずに風のように消えていったスパイは、大勢いたんですよ」

かのゾルゲもあるとき、中年の外国人夫婦を六本木の交差点付近でみかけたことがあった。モスクワに一時帰還したおり、スパイを外国に送りこむ組織の赤軍第四本部にいってみると、彼らもいたので驚いたという。

「お互いに顔も知らない別個のグループを送りこむのは、ごく普通だからね。情報が正確かどうか、判定するためだよ」

その夫婦は粛清され、それを知ってゾルゲは、以後、帰還していない。

「お役目ごめんになった諜報員は、ほとんど粛清されちゃうんだよ」

中田も大陸でソ連の情報を集めていた。

「上海やハルピンはもちろん、満州全域にわたって白系ロシア人が居住していたからね。モスクワが送りこんできた工作員とは、外見の区別がつきにくいので苦労したな。みんな同じロシア人なんだから」

ドイツを逃れてきたユダヤ人の中にも諜報員がまぎれこんでいたという。

「そもそも満州には、ゲットー（ユダヤ人の特定居住地区）というものはなかったです。それでも、彼らは団結力が強いし、情報を共有するうちに、だんだん集まってきたんですな。特に商人たちは、満州人やロシア人の地域にも入り込んでいましたよ。でもユダヤ人は、風貌や表情で読めました。それでも油断できないですよ。ハルピンの場末の裏通りに、見なれない小さな書店をみかけたので、そっとうかがっていると、そこがコミンテルンからの使者との連絡場所オムス（ＯＭＳ）だったこともあったしね」

日本の特務機関員と、外国人の秘密工作員たちとの情報交換があったのだろうか。

「相手が〈さっぱり暇だねエ〉と言えば、シベリア駐屯の赤軍に動きがないという、意味だからね。そんな何げない会話だけど、特務の人間はそれとわかるロシア人スパイと、ある程度の情報交換はしていたね。ホテルのバーのカウンターなんかで飲んでいると、顔見知りの工作員から、〈あそこでビリヤードやっている背の高い男は、アメリカのスパイだから気をつけろ〉と教えられたこともあったしね。そんなときは、どんな女や男と接触するのか、こちらは観察していたけど」

そのお返しとして、中田たちはどんな情報を流したのか。

「ロシア人工作員にとって判別つきにくかったのは、日本人と朝鮮人の違いだね。そこで目つきの違いや歩き方、服装、それからニンニクの匂いがするか、しないとかね、そんなことを教えてやりました」

妙齢のウエイトレスの正体

中田が知っているハルピン特務機関の石ノ森宏蔵《こうぞう》が、ひそかに新京に現れた。中国人が経営する小さな宿に滞在するようになったのは、一ヵ月前からであった。

満州人の助手楊《よう》と二人で大同大街の裏通りにある、近ごろ行きつけになった酒場『迎春花』にいってみると、見なれない金髪の若いウエイトレスがいた。

それで石ノ森はピンときた。

――ここは関東軍のおひざ元だから、高級将校や満鉄高級社員、満州国政府の官吏たちがくる上等な酒場だ。あの金髪のウエイトレスも彼らに近づいて、ハニー・トラップ（色仕掛け）で、高度な情報を収集する指令を受けているはずだ――。

よくあるケースだが、そこで彼らはその金髪娘をしばらく観察してみることにした。楊がそっと満人のウエイトレスにカネを握らせて、

「あのシャオチエ（小姐、娘）はどこの国のひとだい？」

「きのうからきたフィンランド人よ」

「どこに住んでいる？」

「詳しくは知らないけど、ここから遠くないみたい」

「支那語はわかるのかい？」

「支那語も日本語もうまいですよ」

それだけで十分だった。

楊は石ノ森のテーブルに戻ると、様子をうかがっていた。


翌日の閉店間際に、石ノ森は楊と、楊の女房の三人できてみると、関東軍の三人組の中のいちばん年輩の将校が、口説いているようにみえた。

だが、楊の女房が厠《かわや》にいくふりをして、近づいて聞き耳を立てていると、まもなく戻ってきた。

「逆ですよ。彼女が何げないふりをして、媚《こ》びているんです。女のわたしだからわかるんですよ」

どうやら、話は成立したようだった。閉店になって先に店を出た石ノ森たちが、物陰からうかがっていると、先ほどの将校三人は、店の前で別れ、年長の将校は仲間とは反対方向にブラブラ歩きだした。

まもなく裏口から出てきたフィンランド娘は、先を行く将校に追いつくと手をつなぎ、二丁ほど先の長春飯店という高級ホテルに消えた。

二時間がたち、将校だけがでてくると、ホテルの前で力車に乗り込んで、きた方向に帰っていった。女はでてこなかったから、ここに滞在しているらしい。

——たんに女が春を売っているだけなら、こんなホテルに泊まっているはずはないし、女もでてくるはずだ——

そこで石ノ森は楊夫婦といっしょに帰りながら、

「明日からしばらく様子を探ってくれ。危険な女だったら、例の手で……」

と指示を与えた。五日後に楊が伝えにきた。

「やっぱり、モスクワとつながっている危険な女でしたから、匪賊の手下を阿片でつって、始末させました」

これは中田光一が石ノ森から直接きいた話だったが、飲みながら石ノ森はため息をついた。

「お互い因果な商売だな、特務ってのは」

場末の飲み屋でも

モスクワのスパイは、日本人の雑魚《ざこ》など相手にしないかといえば、そうではない。満鉄職員の日高六郎が、昭和十五年の盛夏のころ、牡丹江《ぼたんこう》にある行きつけの飲み屋にいってみると、そこで飲み食いしていた新兵たちに、愛想のいい妙齢のロシア人ウエイトレスが、いつものようにサーブしながら、さりげなく聞いた。

「兵隊さんたちとせっかく親しくなれたのに、またすぐどこかへ移動してしまうんでしょ」

すると、兵士の一人が答えた。

「みんな当分ここにいるよ。内地に帰る者も何人かいるけど」

「まあ、うれしいわ……」

この光景をみた日高が、あきれ顔で言っていた。

「兵隊たちはバカなことというもんだなあ、と思いましたよ。あのロシア人ウエイトレスには、翌年春まで北進はないっていう、貴重な情報ですよ。冬のシベリアは雪と氷の世界だから。男だけの世界にいる人間は、女の前で酒が入ると、口が軽くなりますからね。だから、あちらの組織も、女スパイを送りこんでくるのです。われわれ満鉄は軍用物資の輸送を一手に引き受けていたから、貨物の中身、輸送量、行き先なんか極秘扱いなんですがねえ。動きがないときは現状維持、輸送量が増えると、軍に動きありと、すぐわかってしまいます」

あじあ号の中のスパイたち

諜報関係を調べている人間たちには、ある程度知られていた人物に黒田寛がいた。

「ボクはハルピン学院をでてから、満鉄に入社した。そのうち、まあいろいろやらされてね。こっちも血気盛んなころだったから、妙なこともよくやったなあ」

「ボクは満鉄経営のヤマト・ホテルのボーイや、特急〝あじあ号〟の車掌に化けたことがあるんだ。同じ車掌仲間に、若くてきれいなロシア人の女性もけっこういてね。ナターシャとは一年ぐらいつき合ったけど、お互いに〝あじあ号〟の車掌とウエイトレスさ。仕事が終わると、終点のハルピンや大連のヤマト・ホテルに泊まれたんだ。で、こっちはロシア語はお手のもんだからさ。二人がねんごろになったときを見計らって、探りを入れると、何のことはない、彼女は赤軍のスパイだったんだ。だけど彼女は、こっちより上手だったな。ソ連とアメリカの二重スパイさ」

「満鉄の特急の乗客には関東軍のおエライさんや、外国人ビジネスマン、満州国政府の役人という具合で、けっこう地位の高い人間が多かったからね。彼らの会話をそれとなく聞いたり、誘われればつき合って得た情報をそれぞれの組織に報告するんだ。男は酒が入ると自慢したがるから、物流の種類や規模、値段とか、みんなオレが仕切っているというような話さ。軍人同士の会話からは、兵站《へいたん》地の必需品、移動先とか、〇〇司令官の評判なんかもな」

「特務の仲間から聞いた話だけど、スエーデンの美人で若い女流作家アイノ・クーシネンが、関東軍の将校とハルピンのヤマト・ホテルで、同じ部屋で泊まっていたことがあるそうだ」

彼女は東京でゾルゲと、公私共に、かかわりをもっていた。

「彼女はコミンテルンから送られたスパイだけど、作家の名目で、秩父宮邸（現秋《あき》篠宮邸《しののみや》）に出入りしていたんだ。秩父宮は参謀本部の人間だし、弟の高松宮《たかまつのみや》は海軍軍令部の参謀だったしな。スターリンが日本の真珠湾攻撃を事前に知っていたという根拠の出所は、秩父宮邸だな。あの兄弟は仲がよくて、よく茶会なんか開いて、社交場になっていたわけだ。そこにはかのアイノ・クーシネンも招かれていたし、天皇主催の茶会にも彼女は招かれていたそうだ」

「そうさ。秩父宮邸が、スパイの温床だったわけだよ。駐日ドイツ大使のオイゲン・オットーは、元陸軍武官としても東京にいたから、秩父宮とのつき合いは長いんだ」

秩父宮は、三国同盟にも熱心な軍人だった。

「秩父宮邸のパーティーには、政治顧問のゾルゲも同行していたというんだ。ということは、尾崎秀実の情報だけでなく、開戦前夜の情報は、モスクワに筒ぬけだったわけだ。これじゃ勝てっこないよな」

ソ連が世界をかきまわしていた事実には、驚くことが多い。中共の背後で指示していた日華事変しかり。アメリカの経済制裁、日本の南進またしかり。そしてハル・ノートも、すべてはモスクワが仕掛けていたという見方もある。アメリカへのサイバー攻撃等、最近のロシアの動きもまたその延長線上にあるといえよう。

第二部

日米開戦前夜

ハル・ノートへ　一九四一年

一九四一年　松岡、岸、吉田茂の動向

伝統的に反共・反ソの長州人

松岡と岸は、目にみえない赤い脅威にさらされている満州と、深くかかわってきた。松岡が岸に向かって〈信介の反共・反ソ精神は筋金入りだからな〉、と言ったことがある。その松岡も三国同盟にこだわり、先日、私邸にやってきたソ連大使スメターニンを冷たく追いはらったのも、ソ連アレルギーのなせる業といわれた。

だが同じ反共・反ソでも、岸の場合は、頭脳が秀でているぶん、感情論に奔《はし》ることはなかった。昭和のはじめ、ソ連の第一次経済五ヵ年計画が発表されると、すぐに研究していたことは、周囲が知っていた。いいところは吸いあげ、彼の国家統制理論に生かしていくのが岸流であった。

ころでもある。

ドイツの軍民挙げての生産体制をみてきた岸は、そのエキスを満州で遺憾なく発揮した。好悪は別にして、相手のいいところは採用するのが、岸の器の大きいところでもある。

忙しいさなかにヤクザが訪ねてきても話は聞いてやっていたのも、その一つだった。〈人間をそんなふうに差別してはダメだ。彼らにもこちらにはない、いいところが一つはあるもんなんだ。そこのところと、つき合えばいいんだよ〉、というセリフを周囲は何度も聞いている。岸は、こう言ってはばからない。

「ボクが生まれた明治二十九年（一八九六）という年は、日清《にっしん》戦争が終わった翌年で、ロシアの脅威が増していた時期だった。それでなくても長州人というのは、もともと北の脅威には敏感なんだよ。日露戦争を戦ったことから、上は伊藤《いとう》（博文《ひろぶみ》）公から、下は子供のわれわれにいたるまで、そうだった。しかも共産革命をやって、帝政ロシアを倒してできた国だからね」

当時の日本を引っ張っていたのは旧長州藩士であるから、岸の言う〈北の脅威に敏感〉には、説得力がある。松岡以上に岸の生涯にわたる反共姿勢は、長州藩士の直系の環境で育った子供のときからであるから、まさに筋金入りである。戦後になってからも、彼のその姿勢は変わることがなかった。

「ソ連は日本の分割占領を主張してきたんだ。北海道ですよ。結局、北方四島は盗《と》られちゃったけど。満州についてもソ連のやり方はひどかったなあ。古海《ふるみ》君なんかがそうだけど、われわれといっしょに国造りしていた役人連中を、みんな捕まえてシベリアに連行したりね。だから、シベリアから帰ってきた彼らから話を聞いて、いよいよソ連への反感が強くなったんだ。まったく、けしからん話だよ。それでソ連に対抗するには、アメリカを利用してやっていくより道がない、という考えになったんだ」

松岡を説教した岸

日米開戦の可能性が濃厚になってきた昭和十六年（一九四一）六月。ドイツ、ソ連、アメリカの脅威のはざまにあって、外交が戦争か和平かのカギを握っているときに、三国同盟を天恵のごとく崇拝している松岡を、外務大臣に選んだ近衛《このえ》の考えはよくわからない。だが海軍側からは、こんな声があがっていた。

「陸軍の主流派を率いる、東条が勧めたんだ。なにしろあの松岡はドイツびいきを越えて、コチコチのドイツ信仰にはまっているんだ」

外交官あがりで枢軸国寄りの松岡には、外務省内にも同調者が少なくなかったが、内心頼りにしたのは、やはり岸信介だった。

この日も築地《つきじ》の新喜楽のお座敷で向かい合った二人。酒の肴《さかな》の刺身ざんまいに舌つづみをうちながらも、二人とも容易ならざる国際情勢に苦慮している姿がみてとれた。

不思議なことに、岸とあいたいしたときの松岡は、国際連盟脱退劇を演じたころの弱みをみせることはなかった。むしろ近ごろでは、岸がブレーキをかける場面もしばしばだった。今日の松岡も雄弁だった。

「荒野の満州をあれだけにしたのは、さすがだな。満州はまさしくオマエの作品だよ。しかし外交となると、オレにはオレ流のやり方があるから、まあみていてくれ」

岸は薄わらいを浮かべただけだったが、近ごろの松岡の強引なやり方には、不安を覚えていた。

――この叔父には知恵がなさすぎる。感情論に奔りすぎて、外交を私物化しているのは、危なくてみていられない——。

前々からそう思っていた岸は、つい辛辣な言いかたになってしまった。

「あの三国同盟はいけませんね。いいですか。あんな役者きどりのヒトラーについていっては、危険ですよ。わたしは今でも、軍需物資や産業を国家の管理下に置くドイツの、あの社会主義的生産体制を高く評価していますが、独断専行している政治がよくないです。あれではドイツ国民がかわいそうですよ。いずれ痛い目に遭いますからね」

今目の前にいる松岡も独断専行型の外務大臣であるところから、なお厳しく指摘することにした。

「それからアメリカ相手の松岡外交も、結局、三国同盟の続篇ですね。しかしアメリカと対決するのではなく、共存するか利用してやるぞ、という知恵がないとダメですよ」

「オマエにアメリカの何がわかるんだ。あの連中はこちらがした手に出ると、つけあがるんだ。上からガーンとかまさないとダメなんだよ。まあ、みていてくれ。あいつらが、手も足もでないようにしてみせるから」

「確かに、アメリカ人はカウボーイ気質かもしれませんが、連中と組むか、手なずける牧場主のような気持ちになれませんか」

今の松岡にストップをかける人間がいないからこそ、今日の岸は、自分が止めなければ、という気持ちになっている。

そもそも松岡には、近衛などまるで眼中にないのだ。陸軍を手玉にとっているのはいいのだが、ドイツ、ドイツと草木もなびいている連中と、同じ方角を向いているだけでなく、歩調を合わせすぎている。

いってみれば、文官の陸軍大臣と言ったほうが早い。松岡は吉田海相を〈アメリカに半数もいるドイツ系市民がわれわれに味方します〉とだまして、三国同盟に賛成させてしまった。

松岡の外交方針を天皇がたずねたおりも、〈三国同盟でアメリカが立つことはありません〉と言ってのけたことも、岸は知っていた。

――いずれ近いうちに松岡からまたお声がかかるだろうから、今日のところはこまでにしておこう――。

そう思っていると、松岡のほうも話をかえて、天皇の話になった。

意外な松岡の天皇批判

「近ごろ困るのは陛下のことだよ」

そう言ってから、松岡は天皇をこきおろした。

「あのひとは平和主義者かもしらんが、いつも民より、皇室の安泰と皇統を第一義に考えているひとなんだ。ついでにもう一つつけ加えれば、結果オーライのひとだな。そこが明治大帝と違うところだ」

「それはまた、どうしてですか」

「陛下はまわりが考えるほど、アメリカを強敵とは思っていないんだ。いちばん恐ろしいのは、赤の脅威なんだ。ソ連だよ。たとえアメリカと戦って敗れても、背後には皇室に長い伝統をもつイギリスがついているから、わが国の国体は護持されるはずだと」

「確かにアメリカには皇室はないし、人種差別や貧富の差はあっても身分制度はありません。ということは、日本の皇室の特殊性とか、伝統なんかに興味はないだろうと。だから皇室の解体を主張しても、そこにイギリスが、待ったをかけてくるはず、というわけですか。それはおもしろい説ですが、飛躍がありますね」

「ソ連は革命で皇帝一族を根こそぎ倒した国だからな。だから天皇にとっては、共産主義の脅威くらい恐ろしいものはないんだ。皇統の前に立ちふさがる赤い魔手ってわけだ」

「…………」

「五・一五事件をみてみろよ。殺された犬養は、民間人だったから、軍法会議も甘いものだったではないか。あれは天皇の意思がまるでみえなかったから、軍も甘い裁きになったんだ。ところが二・二六事件はどうだ？　背後にソ連がついていると知ったとたん、陛下は目の色をかえて、〈朕みずから近衛師団を率いて鎮圧せん！〉となった。まあ側近を殺されたとか、天皇の軍隊を私的に出動させたとか、反乱軍の一部の将兵が、宮城内に入ってきたとか、いくつかほかの理由はあるけどな」

　岸は黙ってマグロの刺身にハシをつけてから、杯を飲みほした。

「ところで信介は、あの青年将校たちと相当、じっこんだったそうじゃないか。大勢処刑されたときは、ショックだったただろう」

「べつに、じっこんだったわけじゃありませんよ。北一輝《いっき》や大川周明《しゅうめい》の家に出入りしていて、顔見知りになったのは、何人かいましたけどね」

「あの青年将校同士の会合では、昭和維新が成ったあとの新政府に信介を閣僚として迎えて、〈岸理論で不景気を吹っとばすんだ〉ということになっていた、と聞いたがな」

この話は事実だったが、岸は黙って笑っていただけだった。天皇批判をして気持ちが高揚したせいか、今日の松岡は、いたって口がなめらかだった。

「さっき言いかけた〈天皇は結果オーライのひと〉のことだけどな。天皇がはっきり自分の意見を言っていたのは、張作霖《ちょうさくりん》爆殺事件あたりまでだ。

あのときの怒りかたはすごかったらしい。なにしろ田中義一（陸軍大将、首相）さんが、怖れをなして自決してしまったくらいだからな。それじゃあ具合が悪いってんで、心不全ということにしたけど」

「地元では、腹上死だっていう噂《うわさ》もありましたね」

と岸は笑ってから、

「田中さんは長州藩士のせがれだから、われわれの大先輩ということでね。息子の龍夫（後に自民党代議士）は、満鉄にいたけど性に合わないとかで、ボクのところの国務院で引きとったけど、昨年東京に帰ってきて、今企画院にいますよ」

「そのいきさつは知っているよ。ところが田中のオヤジが自決したという話は、天皇にもれちゃってね。それで西園寺公が天皇に、〈まつりごとに、口をだされるのは憲法上、いかがかと思います〉と意見して、それからモノいわぬ天皇になってしまった。だから結果オーライというのは、それも関係あるわけだ」

「林銑十郎《せんじゅうろう》将軍が満州事変のとき、朝鮮軍を天皇の裁可を受けずに満州に入れちゃいましたね。それが問題になって、林さんは越境将軍なんていうあだ名がついたけど、天皇は、〈まあいい。しかし今回かぎりにせよ〉で一件落着でしたね」

「あれもまさしく結果オーライの天皇だよ。それからさっきの皇統第一義の話だけど、最近、日米関係の雲行きがあやしいもんで、〈伊勢湾の防備は大丈夫か〉ととえらく心配されているそうだ。熱田神宮には三種の神器の一つ、『草薙剣《くさなぎのつるぎ》』がまつられているというわけだ」

岸は苦笑して聞いていた。

かつて国づくりに奔走した、長州藩士たちの後継者となった松岡と岸。大きな戦争が近づいている準戦時下にあっても、超現実主義者のこの二人には、現人神《あらひとがみ》も特別なおかたではなかったのである。

吉田茂とグルー大使

滞日十年に及ぶ親日家で、開戦前夜まで戦争回避に奔走したグルー大使のことにも、触れておかなければならない。この駐日大使は天皇の信任がことのほか厚く、宮中グループはじめ、軍人であっても親英米派の人間にはきたんのない意見を言ってきた。だが彼の親しい人脈の中に、松岡洋右は入っていない。陸軍軍人のなかでは、グルーとつき合いがあった人間が少なかったのは、吉田茂に感化されたからだといわれた。

グルー大使は、天皇の近くにいる宮中グループの重臣牧野伸顕《のぶあき》（大久保《おおくぼ》利通《としみち》の次男）を通じて親しくなった彼の娘婿の吉田茂とは、家族ぐるみのつき合いがあった。吉田は親しい人間たちに、グルーの話をよくきかせている。

「グルーは、牧野のオヤジとはパリの講和会議（一九一九年）で親しくなったことから、そのあとボクとも親しくなった。グルーは、古いアングロサクソン型の外交官でね。リベラルで、ボクと違って本当のジェントルマンだよ。彼とボクの共通点は、ドイツ嫌い、馬グソ（日本陸軍）嫌いだったことだな。

ボクが陸軍の横暴を痛烈に批判するもんだから、それでグルーも、馬グソを嫌ったと思われているかもしれないが、そういうわけでもないいんだ。決定的だったのは二・二六事件だよ。事件前夜、親しくしていた斎藤実《まこと》（元総理大臣、元海軍大将）夫妻と、鈴木貫太郎（のち首相、元海軍大将）夫妻をアメリカ大使館に招いて、深夜まで歓談していたんだ。

それから何時間かたった明け方に襲撃されて、斎藤さんは惨殺された。鈴木さんは何とか命は助かったけど、あれは奇跡だよ。すぐにグルーは斎藤宅に弔問にいったけど、枕もとで泣いていたそうだ。外は雪が降っていたんだから、大使館に泊めればよかったと、悔いていたな。

それと支那事変だね。あの横暴な軍人どもの態度にもグルーは怒っていたんだ。秩父宮殿下、前田利為《としなり》侯爵（大将）以外の陸軍関係者は、アメリカ大使館に招いたことはなかったはずだ。これが日米交渉にとって、よい結果になっていないと忠告してくるひともいたが、確かにグルーには反省点だね」

たとえば、東条英機のような日本の陸軍指導者たちと信頼関係を築いていたら、日米交渉も、日本側に違った空気が生まれていた可能性がある。

吉田は葉巻をくわえながら、グルー家の話をするのが好きだった。

「グルーの奥さんのアリスも立派なひとでね。救世軍の活動なんかには、よくポケット・マネーで応援していたんだ。道に捨てられていた子犬をみつけたりすると、抱いて帰ってきて、大事に育てていたよ。だからアメリカ大使館の裏庭には、いろんな犬がいたな。ウチの娘（和子《かずこ》：麻生《あそう》太郎元首相の母親）も、アリスからもらってきたことがある。グルーの娘エルシーと和子は親友だから、よく遊びにいっていたんだ。アリスは、黒船艦隊を率いて日本にきた、ペリー提督の一族だよ。結婚前の彼女の名はアリス・ベアモント・ペリーといってね。ペリー提督の長兄のひ孫だから、ペリー家の直系なんだ。彼女の父親は福沢諭吉に招かれて、慶應で三年間英文学を教えていたから、アリスは少女時代を東京でおくっていたんだよ。そんなわけで日本と縁が深い一族なんだ。その彼女が、日本がいちばん難しい時代に駐日アメリカ大使夫人として、グルーを助けていたんだ。日本と向きあうことになったペリー一族の宿命だな」

二人の密使は本物か

話は半年と少々遡ることになる。昭和十五年（一九四〇）十一月二十四日。これから始まる日米交渉に大事な一石を投じることになる、二人の米国人神父がひっそりと横浜に上陸した。

サンフランシスコから帰ってきた日本郵船の新田丸から降りてきたのは、カソリック系メリノール宣教会のウォルシュ司教とドラウト神父であった。カソリック系であるから、当然バチカンのローマ法王につながる。

後に日米開戦がいよいよ秒読みに入ったとき、天皇が東条首相に〈かくなるうえは、ローマ法王を頼ってみてはどうか〉と言ったのは、両神父のことが頭に浮かんだとみられる。法王は国際政治の舞台でも、強い発言力をもっていたからである。和平の道をあくまでも探る、このときの天皇の言葉に、東条はハラハラと涙を流したと言われている。

でもある。

教団の創始者ウォルシュ司教は、精神的指導者として、ローズヴェルトの信任も厚かった。カソリック系信者の票田として、大統領には頼りになる存在だったせい

来日早々両神父は、一人の日本人を訪ねていた。当時、産業組合中央金庫（現在の農林中央金庫）の理事をしていた井川忠雄《ただお》という人物である。元大蔵財務官としてニューヨークに長期駐在したことがあり、高橋是清《たかはしこれきよ》蔵相にも重用され、近衛文麿《このえふみまろ》とは一高時代から親しい間柄であった。

二人の神父は、ニューヨーク財界の長老で、かつてフーヴァー大統領の秘書官をつとめたルイス・シュトラウスから、井川宛ての紹介状をたずさえていたことから、会って話を聞くことにした。

「このままでは日米関係は取りかえしのつかない事態になります。幸い、わたしたちはローズヴェルト大統領、ハル国務長官、ウォーカー郵政長官とも親しくしていますから、何とか両国のためにお役に立てると思います。ついては各界の要人たちと意見を交わしたいので、仲介の労をとっていただきたい」

だが、僧籍にある人間が何ゆえ国際政治に精通しているのか、井川はいぶかしく思い、〈謀略ではないか〉と、一瞬ためらった。無理もない。外交密使は、まず相

手を疑うのが定石だからである。しかし、紹介状を書いたルイス・シュトラウスは、井川の在米時代に親しくしていた財界の大物であるから、神父たちの求めに協力することにした。

それから両神父は井川の仲介で、松岡洋右外相、外務省アメリカ局長寺崎太郎を皮きりに、陸軍の武藤章《むとうあきら》軍務局長ら軍の幹部、政界、財界の要人、さらに近衛首相と、一ヵ月にわたって接触した。

だが神父たちは、帝国ホテルに戻ると、どちらかともなく、しきりに首をかしげた。

――どうも変だ。日本の指導者たちは対米戦争などあり得ないと考えている――。

松岡外相にいたっては、両神父に自信たっぷりに語ってきかせて、煙にまいた。

「三国同盟を基盤にして、日米関係は今よりかえって良好にしてみせますよ」

松岡の本心は、――坊主どもが、何をしゃしゃりでてくるんだ――。

そんな程度のことしか考えていないことは、明らかだった。

ほかの各界の高官たちの場合であっても外国人、それもアメリカ人に対して、和平を口にできない雰囲気が支配的だったからだといわれる。特に民間人の場合は、すぐに憲兵隊に〝御用〟となる時代であるから、まともに応えられないのだ。

一ヵ月がたち、帰国の日が近づくと、ウォルシュ司教は井川に悲壮な表情をみせた。

「このままいけば日米関係は悪化の一途をたどり、いずれ戦争になります。そこで戦争回避のために、日米両国首脳を同じ交渉のテーブルにつけなければいけません。しかし、交渉にあたる前に、ある程度の枠組みがでてくるまで、水面下での和平工作が必要です」

ドラウト神父がそのあとをつなげた。

「イカワさん。わたしたちは帰国後、ただちに大統領以下の政府高官と接触しますから、あなたにも日本政府の信任をとりつけて、日本側代表としてこの和平工作に加わってください」

——近衛総理と個人的に親しいといっても、わたしは一民間人にすぎない——。こんな難題を背負わされたことに井川が戸惑っていると、神父たちはおかまいなしに、和平のシナリオの要点をあげた。

「まず、日本が中国大陸から撤兵することを条件に、アメリカが日本と中国の和平交渉を仲介します。次に合衆国はドイツの進撃に対し、同盟国イギリスを放置できない段階まできている現状からして、すでにヨーロッパへの参戦を覚悟していることを認識してください。ローズヴェルト大統領も側近も、三国同盟が存在する以上、日独の両方から、はさみ撃ちにされかねない事態となっていることを憂慮しているのです」

話の内容からして、両神父の提案ではないことは明白であった。おそらくウォーカー郵政長官とハル国務長官の合作だろう。となると、神父たちは、米国首脳陣の密使として来日したことになる。

当初は半信半疑だった井川も、両神父の背後にアメリカ政府高官が控えていることを確信した。

「わかりました。近衛首相に、あなたがたの提案に賭してみるよう、説得します」

彼らは井川と今後の段取りの打ち合わせを終えると、昭和十五年も押しつまった十二月二十八日、急ぎ帰国していった。

事実、ウォルシュとドラウトは帰国後、訪日の報告と井川らとまとめた、『日米協定案』と記したメモを持参して、ホワイトハウスを訪ね、大統領執務室でローズヴェルト、ハル、ウォーカーの五人で、長い密談を交わした。

この密談ではローズヴェルト大統領たちの反応もよかったので、これを『日米協定案』の原案とすることにした。そこでウォルシュらは、あらかじめ井川との間で決めていた隠語を使いながら、井川宛てに送信した。

「東ノ天候ハ上々ナリ、至急渡米サレタシ」

困難をきわめた井川の渡米

横浜でウォルシュとドラウトを見送った井川は、その足で荻窪にある近衛の私邸を訪ねた。神父たちと交わした内容を伝えたのだが、近衛は乗り気の表情をみせたものの、すぐに思案顔に戻ってしまった。

「話の筋はいいし、有望だと思う。しかし問題は、松岡外相が君のことを快く思っていないうえ、外交交渉は外務省が公式ルートだからね。あえてわたしが表に出ると話がこじれて、かえって事がややこしくなる。とにかく陸軍の意見を聞いてみよう」と言って席を立った。井川は考えた。

——支那からの撤兵と三国同盟の話だから、陸軍の意見を聞くのはわかる。どちらも陸軍がまいた種だ。それが今、日米関係をここまでこじらせてしまった。しかしいずれも近衛内閣のときの出来事なのだから、〈陸軍の意見を聞く〉のではなく、陸軍を説得する気概がどうしてないのか。やっぱりお公家《くげ》さんは気が弱くて、いつもの保身の術で身がまえている——

井川はぶぜんとした表情で、荻外荘《てきがいそう》をあとにした。

その後陸軍軍務局長武藤章や課長の岩畔豪雄《いわくろひでお》大佐は乗り気だった。だが頭ごしに話が進みそうな気配を察知した、松岡外相や外務官僚たちが難癖をつけた。

「日米交渉は他の省庁のやることではない。ましてや民間人の出る幕ではない」

当然井川のアメリカ行きにストップがかかったが陸軍の岩畔が助け舟をだした。

「ほかの名目で渡米できるようにしましょう」

となって、岩畔は〈日米商会とフォード自動車の合弁会社設立交渉の調停役〉という、表面上とはいえ、井川にはうってつけの民間企業の仕事をもってきた。

これで井川は渡米できることになった。あとで松岡外相は、東条陸相に難クセをつけたそうだ。

「陸軍が井川の渡航資金をだしたな」

一九四一年　茨の道の日米交渉

いっそのこと〝ドカーン〟と

東京の新橋停車場からほど近い、銀座七丁目に向かった細い路地を右に入ったところに、小料理屋「みゆき」はあった。久しぶりに尾崎秀実がのれんをくぐると、カウンターの奥で、先にきていた外務省嘱託の西園寺公一《きんかず》（西園寺公の孫）が、いつもの人なつこい顔で待っていた。

この二人は、昭和十一年（一九三六）七月、カリフォルニアのヨセミテ公園で開催された、第六回太平洋問題調査会のメンバーとしてアメリカに行ったさい、船室が同じだったことから親しくなった。

彼らがジョッキを傾けていると、少し離れたカウンターの向こうで、中折れ帽子をかぶった中年のサラリーマン風の男が、向こうどなりにいた、同じ年格好の見知らぬ男に話しかけていた。

「したたかなアメリカ相手の交渉も、いよいよ行きづまってきたようですね。こうなったら、いっそのこと、ドカーンとやってしまったほうがいいんじゃありませんか」

いわれた男のほうも上気した顔で、わが意を得たりとばかり、

「まったくですな。傲慢不遜なアメリカには、天誅《てんちゅう》を加えないといけません。でもあのお公家さんじゃあね、何もできないでしょう。次期首相の噂にあがっている東条さんなら、やってくれるんじゃありませんか」

実はこんな光景は、近ごろ少しもめずらしくなくなっていたのだが、尾崎も西園寺も顔をみあわせながら、苦笑いした。いたずらっぽい顔をした西園寺が、ささやくように言った。

「毒には毒をもって制すってやつかな」

いわれた尾崎は、どこか冷めた表情だった。

「少々危険な劇薬でも、行きづまった空気をうち破る強い指導者を、民が求めているっていう空気は確かにあるね」

「ところでオマエの知恵をもってしても、支那はネをあげないな、尾崎」

「申しわけないと思っているんだが、どうもね」

「このあいだ、軍令部の藤井（茂）中佐に会ったら〈近々、連合艦隊にでていくから、当分会えなくなるなあ〉って、寂しそうにしていたよ」

「艦隊のどの部署かね」

「山本五十六《やまもといそろく》の幕僚さ。政務参謀だよ」

それから西園寺は、驚くようなことを口にした。

「藤井中佐はあっけらかんとした口調で、〈もう海軍は腹をくくったんだ。南だよ。南をとりにいくんだ〉と言ってたよ。山本さんは、大向こうをうならせるような、大バクチをうつのが好きらしいけど、何をやらかすのかな」

そう言う西園寺もこれまた、あっけらかんとした調子だった。尾崎のほうは、自分の心臓の鼓動が聞こえるほど驚いたが、西園寺にさとられないように、飄々《ひょうひょう》とした調子で言った。

「この日のために、鍛え抜かれた連合艦隊の出番を期待してしまうのは、みんな同じだろ。ボクだってそうさ。ところで話はかわるけど、松岡（外相）は駐米大使に、元海軍大将の野村吉三郎《のむらきちさぶろう》を起用したけど、外交に素人の人間でいいのかね。英語もうまくないらしいし。まだ成果らしい成果があがっていないから、近衛総理もイライラしているよ。ボクからみても、あの外務大臣は何を考えているのか、さっぱりわからん」

近衛の近くにいる尾崎が、そう心配するのも無理はなかった。

「ローズヴェルトと野村さんは、若いときから仲がいい。この際、日米双方が同じテーブルについて話すことが先決だという、松岡大臣の意見がとおって野村さんになったんだ」

「ベテラン外交官で、親英米派の吉田茂あたりを補佐につけなかったのは、やっぱりまずかったと、近衛総理も後悔していたよ。だけど吉田の補佐官起用には、松岡が反対したらしいね。おそらく松岡は、野村なら自分が日本にいたまま、意のままに操縦できる、と読んだのだと思うな」

そこで西園寺は、外務省内の空気を淡々と話しだした。

「松岡大臣は、省内の評判は悪くないけどね。ただし省内は、親独派が主流なんだ。それにボクからみると、松岡さんは国際連盟を脱退したあたりから、どうも心配なんだ。長州人のせいか、日本を背負《しょ》って立《た》つのはオレだ、という意識が強すぎるよ。いずれ三国同盟の威力をかざして、みずからホワイトハウスに乗り込む腹らしい」

聞いていた尾崎にも、思うところがあったらしい。

「確かに松岡は、〝オレがオレが〟が強すぎるな。へたをすると、日本を破滅の道にもっていく可能性がある。ボクもそうだけど、近衛総理のまわりは、みんな心配しているよ」

「確かに、何かが迫っている感じはするね。でも大丈夫さ。みんな気持ちさえしっかりしていれば」

今年の梅雨いりは早いらしい。どんよりとした空の下で、夕暮れが迫っていた。

いつもなら二人は、地下鉄で渋谷までいっしょに帰ることが多かったが、

「今日はちょっと寄り道する用事があるから、ここで失敬するよ」

尾崎は西園寺と新橋の地下鉄の入り口で別れた。〝用事〟とは何のことなのか、西園寺は知るよしもなかった。

首都ワシントンの厳しい冬

難航する日米交渉の妥結に向けて、野村吉三郎元海軍大将が駐米大使としてワシントンに着任したのは、開戦の十ヵ月前のことだった。野村のあとを追うように井川忠雄、岩畔豪雄もやってきたが、この三人は何とかして開戦を避けようと、国務長官コーデル・ハル、ローズヴェルト大統領相手に、必死の交渉をつづけていた。ネックはやはり、松岡外相と陸軍の東条英機ら親独派が主導して締結した日独伊《にちどくい》三国同盟と、支那事変であった。

駐米日本大使といえば、日本外交官の中では最も重要なポスト。外務省の出世レースでは、今日でも栄光の頂点の椅子といわれる。戦前とはいえ、日米交渉が暗礁に乗りあげ、日米戦争の危機をはらんだこのときの駐米大使は、国運がかかっていただけに、当時最も注目されたポストであった。

衆目が集まるのは無理もないが、〈エッ、野村?〉の声がしきりにきこえたから、かなり異色の人事であった。だが、野村の壮行会で、松岡外相に歩み寄ったグルー大使は、

「これはあなたのヒット作ですね。外交の基本は信頼関係ですから」

そう言ったのも、あながちお世辞ではなかった。だがグルーが見落としていたの

は、独断専行のクセのある松岡を、野村が嫌っていたことだった。

「わたしは松岡氏をまったく信頼していなかったですな。もちろん、何度も断りました。東京の外務省トップとワシントンの日本大使館トップ同士が、足並みを揃《そろ》えて難局を乗りきらなければならないわけだからね」

ところが、海軍首脳から、

「個人の見解や事情は抑え、この際お国のためにぜひ」

と懇願され、断れなくなってしまった。

〈お国のために〉は、軍人出の野村には、グサッとくる言葉であった。そこで野村は考えた。

——戦争をぜがひでも避けたいのは海軍であるから、野村―ローズヴェルトのラインに賭した、日本海軍を見捨てていいのか。国家百年の危機の今こそ、背中を押されてでていくのは武人の本懐というものだろう——そう思い直して、引き受けた。

だがワシントンの日本大使館の空気は、ひどく悪かった。縄張り意識の強い官僚世界では、かろうじて寺崎英成一等書記官以外は、よそ者にすぎない野村たちを、あからさまに無視している空気である。

――外交に素人の軍人に、いったい何ができるのかね――。

――補佐する岩畔豪雄にいたっては、現役の陸軍軍人ではないか。しかも謀略をやっていた男だから、陸軍が送りこんだ、この交渉の黒幕ではないのか――。

もう一人の井川忠雄に対しても、

――在米勤務が長かった大蔵官僚ではあるが、近衛総理と一高時代から親しくしていた、というだけではないか。まあ、みなさんのお手並み拝見するとしましょうや――ということになった。

岩畔大佐のことは多少、擁護しておく必要がありそうだ。岩畔は〈日米交渉には、支那事変に精通している人間が不可欠〉ということで、野村の補佐として送られた軍人だった。

岩畔を推したのは武藤章だったが、そのことが現地大使館の不信感をさらに増幅させたらしい。武藤は、ドンパチ屋の異名をとる支那事変の親玉ではあったが、それでも対米戦争には絶対反対を主張していた。

岩畔の経歴の中で、ワシントンの日本大使館が指摘するように、一時期、諜報《ちょうほう》活動にかかわっていたことも、不信感につながった。それでも、外務省職員たちの怠慢がのちに問題になる中で、日米交渉では献身的に働いたことで知られる。

もう一人、つけ加えておかなくてはならない人物がハワイにいた。軍令部出仕の若い海軍少尉吉川猛夫《たけお》が森村正と名を変え、ホノルル総領事館に着任したのは、この年の三月末のことだった。

総領事の喜多長雄は、挨拶にでむいてきた森村を執務室で迎えると、「ドアをしめたまえ」と厳しい表情で言ってから、ニッコリとした。

「ここでは、君の本当の任務を知っているのはボクだけだから、そのつもりでいてくれたまえ」

以後八ヵ月の間、森村は軍港真珠湾の動静を詳細に調べ、軍令部に暗号で報告することになる。

日米交渉始まる

昭和十六年（一九四一）二月十四日、野村吉三郎大使が、ローズヴェルト大統領を訪ね、信任状を奉呈して駐米大使に就任する日であった。濃紺のダブルのコートに、グレーのマフラーをした野村が、楓《かえで》の葉が落ちた庭の通路を通りぬけて、ホワイトハウスを訪ねた。すると細身のハル長官が出迎えて、ローズヴェルト大統領が待つ執務室に通された。正面の椅子から立ち上がった大統領には、型どおり信任状を手渡して、奉呈の儀式は簡単に終わった。

するとと大統領はにこやかな表情にかわり、いかにも旧友を迎えるといった仕草で椅子を勧めると、

「昔と少しも変わらないね。君の顔と眼の傷も外からみたら気がつかないよ」

と、上海事変の停戦交渉のさなか、テロ事件で受けた傷をいたわってくれた。傍らのハル国務長官も、にこやかなまなざしを送っていた。

それから同じテーブルにつくと、旧友同士のつもる話が始まった。そこまでは、野村大使の描いていたイメージどおりであった。

だが肝心な日米交渉の話になると、大統領はかたい表情に変わった。

「合衆国としてはヨーロッパ戦線の推移、特にヒトラー・ドイツの快進撃には、危機感をもってみているからね。このまま傍観するには、もう限界にきている」

右手にもったティー・カップに目を注いだときの目つきをかいまみた野村は、

——長いつき合いの中で、いまだかつてみたこともない、厳しい視線だな——りつ然とした心持ちになった。

傍らにいたハル長官が、追いうちをかけるように、クサビを打ち込んできた。

「このまま放置していたら、ヨーロッパはどこもかしこも、ハーケンクロイツ（ドイツ国旗）一色になってしまいますからね。自由と安全を求めて、ユダヤ人はじめ大勢の難民がわが国をめざしているのが現状です。合衆国としては、憂慮せざるを得ない事態にあります。着任早々の野村大使に、厳しいことを伝えるのは気の毒だが、そのドイツと、北アフリカや地中海を押さえているイタリアまで入れた三国で、同盟を締結している日本とは、〈合衆国と日本だけの二国間協定〉なんか、どだい無理ですからね」

そこで野村はセキ払いを一つしてから、日本政府の立場を説明することにした。

「日米交渉でネックになっているのは、三国同盟であることは、もとより承知のうえです。特にアメリカ側がこだわっているのは、三国同盟第三条の規定ですね。〈欧州大戦にかかわっていない他国（アメリカ）が日独伊のいずれかの国を攻撃した場合、三国は政治的、経済的、軍事的方法により、相互に援助する〉と確かに謳《うた》ってあります。しかしこれはあくまで、〈アメリカから先制攻撃を受けた場合〉ですから、中立法があるアメリカが先に打ってでることは、現実的にはあり得ないわけです」

そこまで野村が話すと、大統領とハル長官は、互いに顔を見つめ合ったままだった。

この日は、お互いの立場の入り口を簡単に話しただけで終わった。

すでにアメリカは参戦している

ちょうどそのころ東京では、近衛内閣の閣僚による臨時閣議が開かれていた。案の定、真っ先に発言したのは東条陸相だった。

「ワシントンで日米交渉が始まっておるが、つい先日（三月十一日）、ローズヴェルト大統領の主導で、米国議会が第二次世界大戦中の英国など、連合国への武器貸与を認めています。これは英国だけでなく、いずれソ連や支那へも武器貸与を可能にする道が拓《ひら》かれることになるからして、米国は事実上、すでに第二次世界大戦に参戦しておることになる。そこで外務大臣におたずねするが、この状況下で、〈ドイツがアメリカから如何《いか》なる攻撃を受けた場合〉に、日本は武力行使することになるのか、明確にしていただきたい」

東条にしては、当を得た質問であるから、懐刀の若い瀬島龍三《りゅうぞう》あたりの入れ知恵らしい。すると松岡は、こう返答した。

「武力行使の発動については、日本側が自主的に判断できることになっているのであります」

だが、松岡の答弁は詭弁《きべん》であった。〈日本側が自主的に判断できる〉というような文言は、三国同盟の条文には一行も書かれていないのである。しかも武力の発動にかんしては、統帥の案件であるから、システム上は陸軍参謀総長の杉山元と海軍軍令部総長伏見宮博恭《ひろやす》が天皇に奏上して裁可を得ることになる。それで一同、黙ってしまった。

単純思考の松岡と東条であるから、三国同盟締結の目的は、東条は〈支那事変の早期解決〉、松岡は〈アメリカの参戦阻止〉に寄与するとしか考えていない。しかも松岡は、航空機や艦隊の運用など海軍の戦術は、まったく知らない男である。

そもそも三国同盟は、〈如何なる場合に、日本はアメリカを攻撃するのか。どこをどう攻撃するのか〉など非現実的事案として戦術の中身を避けているから、〝田んぼの案山子《かかし》〟や〝虎の威を借る狐《きつね》〟と同じで、単なる脅しにすぎないわけである。

となると松岡の答弁は、現時点で支那と戦争をしているのは陸軍であるから、これでは、〈東条よ、それは君のところが判断する案件だよ〉といわれたも同然だった。松岡は日米対立の箇所については触れずに、核心部分を東条に丸なげしたのである。

では日本側はこの状況下で、何ゆえ日米交渉を急いだのか。理由はひとえに、〈ヨーロッパの戦争に参加目前のアメリカとは、良好な関係を確立しておきたい。さらに日華事変の早期解決を仲介してほしい〉であった。

天皇と宮中グループ、近衛首相、海軍はむろんのこと、陸軍とて大国アメリカと一戦を交えることは誰も望んでいなかった。ならば日米交渉の段階で三国同盟を破棄したほうがすっきりするのだが、同盟の生みの親である松岡や東条が黙っているはずがないのがネックだった。したがってワシントンの野村大使としては、事実上三国同盟の第三条を骨抜きにする、新たな日米間による合意をめざすことになった。

苦悶《くもん》する野村大使

この空気が伝えられたワシントンの野村大使は、井川と岩畔、そして寺崎らの上級大使館員を呼んで、先きの状況を伝えてから、意見を求めた。

口火を切ったのは井川だった。

「日米交渉が始まった今の段階で、三国同盟を破棄したほうがすっきりするんですがねえ」

野村大使が苦笑いすると、情報担当の寺崎英成一等書記官が状況を補足した。

「しかし東京の本省では、オランダがドイツの制圧下にある今は、同盟のおかげでいざとなれば武力行使して蘭印《らんいん》の石油、ゴムや錫《すず》など、南洋の天然資源が獲《と》れる、という担保は残したい空気なんですよ。海軍上層部の一部にも同調者がいるようですから、難しいのはそこですね」

苦笑につき合っていた井川は、ため息をついた。

「三国同盟は破棄するに越したことはないものの、バスに乗りおくれるな、で南洋の資源は担保しておきたい。まことに虫のいい話ではありますね。もたざる国の苦渋の選択ですかな」


その井川に対しては、あいかわらず松岡外相から野村大使宛てに、

「あの男には交渉にあたらせるな」と、文句を言ってきた。

だが例の二人の神父とのかかわりもあることから、野村大使は松岡の訓電を無視したものの、一応、ハル長官に相談してみると、

「井川のことについては、大統領も承知していることでもあるから、安心してほしい」という返事だった。

さらに野村が調べてみると、井川は二人の神父の工作で、〈アメリカのほうから、日本側の交渉相手の一人として求めた人物である〉ことが判明して、一件落着した。

一方岩畔大佐は、意気投合した井川に向かって、

「東京の陸軍中央にも、和平派がいるんですよ。なかでも頼りになるのは、武藤（章：少将）軍務局長ですから、彼らを引き込んじゃいましょう」

となって、日米交渉は次のステップに進んでいく。

日本が求めた交渉成立

二人の神父とハル国務長官、さらに大統領も加わってめざした『日米協定案』は、『日米諒解案《りょうかい》』という名称になって動きだした。

時はすでに昭和十六年（一九四一）四月になっていたが、これが妥結すれば一気に戦争は回避される。だが、事はそれほど簡単にはいかなかった。〈日米間には魔物が棲《す》んでいる〉と言ったのは、満業（満州重工業）総裁の鮎川義介《あゆかわよしすけ》だったが、やはり魔物はいた。松岡外相の独り芝居、南方への足がかりを構築しはじめた海軍、がそれである。

だがアメリカ側からみれば、日本は〈三国同盟に固執しながら、その威力を好機と捉えて、蘭印の石油を虎視《こし》眈々《たんたん》と狙う動きをみせはじめている〉と映ってしまった。いくら日華事変によって中国の島嶼《とうしょ》や港湾施設を封鎖しているとはいえ、日本海軍がベトナムに近い海南島三亜港の整備を急ぎだしている情報を得ているアメリカは、経済封鎖を検討しはじめていた。東京のグルー大使からは、再三にわたって国務省に、〈経済封鎖をすれば、日本は暴発する〉の警告電がとどきだしたが、国務省がグルーを軽視するようになったのは、この時からだといわれる。

こんな情勢下で動きだした日米交渉だったが、問題はひとえに〈石油と三国同盟〉だった。石油のほしい日本と、三国同盟を反故《ほご》にしたいアメリカの綱引きである。

日本と違ってアメリカは資源大国であるから、ヨーロッパが平穏でさえあれば、日本と交渉する必要性は低いが、英国の窮状は、歴史的にも一枚岩のアメリカとしては、対岸の火として見逃してはいられない。

しかも英国には、ひそかにポーランド、オランダ、ベルギーの亡命政権が存在し、フランスのドゴールも、パリが陥落すると英国に亡命してきているから、アメリカとしては、ぜがひでもドイツの侵攻を食いとめなければならない。みんなアメリカを頼りにしていたのだ。

チャーチルからの再三にわたる参戦の懇願も、ローズヴェルトは無視できない。アメリカはもう中立法、孤立主義だけでは乗りきれないばかりか、中立法を拡大解釈して実現した武器貸与法だけでも、ヨーロッパの危機は救えない、分水嶺《ぶんすいれい》までできていたのだ。

残された道は、アメリカ国民の八十パーセントがヨーロッパ戦線への介入に反対している世論を説得して、支持を得られるかどうかである。

事はアメリカ国民だけの問題ではなかった。戦乱と思想の弾圧から逃れてきた亡命者がめざしたのは、自由で豊かな国アメリカ。

時期は日米交渉が始まる一年も前になるが、ドイツからアメリカに亡命していたノーベル賞作家トーマス・マンは、アメリカの参戦を切望し、ローズヴェルト大統領のラジオ演説に期待していたが、「放送はがまんならないほど慎重なものだった」と、一九四〇年五月二十六日『亡命日記』につづっている。

ヨーロッパの戦争へ参戦する機会の模索。日本というやっかいな国の扱い。アメリカ首脳の苦慮は、深まるばかりであった。

日米諒解案の行方

四月十四日、野村大使はハルに招かれて、新居をたずねた。待っていたハルは、「きのうモスクワで、松岡外相・モロトフの間で日ソ中立条約が結ばれたね。ずいぶん派手な交歓会だったらしいではないか」

だが野村は、

「日ソ中立条約ですか……はて何のことでしょう」

と言ったまま、黙り込んでしまった。

それもそのはずで、野村にはまったく寝耳に水の出来事だったのだから、返答に困ってしまった。実際、外務省も首相の近衛さえ十分な説明をうけていない、松岡の一人芝居だったのだから無理もなかった。

ハル長官は、片ひじをついて考え込んでいた。

――そもそもあの三国同盟は、ソ連をドイツと日本ではさみ撃ちすることと、合衆国の参戦阻止が目的だったではないか。だがこの中立条約で日本は、当面、ソ連の脅威がなくなったことになる。ということは、わが国が対独戦争に参戦をためらっている間に、南進に専念して蘭印の石油を獲りにいく可能性が増したことになる……――。

ハルは野村を見つめると、おもむろに告げた。

「日本の南進は独伊の勢いをみたうえでの判断のはずなのに、武力で解決する可能性が強くなったと考えざるを得ませんな。合衆国としては、英国、蘭印と今まで以上に緊密に連携していくことになるが」

野村は言われたとおり、外務省に暗号電でそう報告した。

だが野村大使は、ここで大事な裏を見落としていた。ハル長官の日本に向けた外交姿勢は、のちのハル・ノートもそうなのだが、まず相手の出鼻をくじいておいてから、本論に入るのが通例だったことである。そこが外交に素人な軍人出の習性で、まっすぐに解釈してしまった。

それから野村は、ハルがかかわっている『日米諒解案』に話を向けた。先の二人の神父とウォーカー郵政長官、ハル、ローズヴェルトの五人で密談した『日米協定案』を下じきにして作成した『日米諒解案の草案』のことである。

民間人も参画しているとはいえ、米側はそれをたたき台にしてハル国務長官、国務省の日本担当部員、日本側は野村大使、井川忠雄らが協議して作りあげた案で、大統領も内容を了承していた。肝心なのは、次の二点であった。

①ヨーロッパの戦争に日米両国は、どう対処するか
②日華事変に日米はどう対処するか

一点目は、アメリカの喉にトゲが刺さっている三国同盟の問題である。そこで日米諒解案の草案では、両国でこの同盟を骨抜きにしようというものだった。日本にとって三国同盟は、米国の参戦を阻止することにあったのだから、米国が打ってでないかぎり、日本は参戦しない、という意思表明になっている。

つまり日本にとってみれば、アメリカは三国同盟には安心していただきたい、というサインであった。しかし、大統領の側近中の側近で、諒解案の草案作成に加わったウォーカー郵政長官が、注文をつけた。

「〈たとえアメリカがドイツに打ってでても、日本は米国に対して軍事行動をとらない〉という文言を入れさせるべきですな」

無理もなかった。それでこそ三国同盟は骨抜きにできる。それが実現されれば、アメリカは枕を高くして、対独戦に踏み切れることになる。

それを日本側が諒解すれば、二点目のステップに進んで、アメリカが日華事変解

決の仲介に、一役買うという流れになる。そこで野村は、毅然《きぜん》とした態度でハルに申し入れた。

「しかしですね。『日米諒解案』を両国で協議している段階で、米大統領の和平勧告を蔣介石が拒否した場合には、〈米国は対支援助を打ち切る〉という強い文言をぜひ盛り込んでいただきたいですな」

だがハルは厳しい顔で静かに言った。

「いいですか、野村大使。①が実現されれば、その次のステップの②に進むというのが、諒解案の手順だったはずですな」

と、結局、拒否されてしまった。

その日の夕刻、野村、井川、岩畔、寺崎の四人が、大使館内のバーに集まった。外ではFBIの監視が厳しかったのだ。

ひょうきんな井川が、

「バドワイザーのビールとバーボンに、支那料理とは、イキなもんですな。アメリカを飲んで、支那を肴《さかな》に……ですか」

野村は苦笑いしてから、

「〈蔣介石が拒否すれば、米国は対支援助を打ち切る〉という文言は、陸軍をなだめるための策だったんだが、ハルは飲まなかったなあ」

とグチると、寺崎は、

「アメリカにすれば、蔣介石が中共に負けると、支那全土が赤い国になりますからね。だから支援を打ち切るわけにはいかないんですね、やっぱり」

と、言ってからグラスのビールを一気に飲みほした。

そこで野村大使が、

「支那事変の現場と、陸軍中央の考え方をよく知っている岩畔大佐に、ワシントンにきてもらったのだから、大佐の意見をぜひうかがいたいですな」

と誘いをかけると、みんなの視線が岩畔に集まった。すると大佐は、

「事変がここまで拡大してしまったことは、陸軍としては肩身がせまいです。陛下に〈支那は四ヵ月でかたづきます〉と豪語したのは、杉山陸相でしたが。それでも日本が国を挙げて満州にでていったときから、支那とはこうなる運命にあったんですよ。なにしろ大陸は、複雑怪奇な世界ですから」

「うーん……」腕組みしたまま大使は、軽くうなずいた。

岩畔がつづけた。

「アメリカへ発《た》つ前に、石原（莞爾）さんがわたしのところにきて、言うんですよ。〈いくら中共から仕掛けられたといっても、支那事変がここまできてしまったのは、陸軍の中央にいるバカどものの無作為のせいだ。ここまで戦いをつづけてきたことが、日米交渉の足を引っ張っているんだから、陸軍はいさぎよく支那から撤退して、交渉をまとめる責任があるんだよ。これから日米交渉にいく君は、尻ぬぐいする立場であることを忘れるな〉という、激しい言いかたでした」

みんな黙っていたので、岩畔はさらにあとをつづけた。

「特に石原さんから念押しされたのは、支那からの完全撤退と、満州国を黙認する、の二点でした」

すると大使は、岩畔を見つめて促した。

「出発前に、東条陸相と話す機会があったと思うが……」

「東条陸相は誰もいない応接室にわたしをよんで、〈支那からは一兵たりとも撤退しない〉が陸軍の立場だ。皇軍の威信にかかわるだけでなく、戦死した英霊に申しわけがたたないからだ」

そこまで言ってから、岩畔は東条の本音を語った。

「そこから陸相は、声を落として、〈といっても、交渉には相手がいる。それでは米側が話に乗らないのはわかっている。だが、一部でも支那に駐兵させておかないと、蔣介石軍は共産党側に負ける恐れがあるんだ。岩畔大佐は交渉の土壇場まで、この一部駐兵の線だけは譲れないとがんばれ、いいな〉と、クギをさされました」

　そこで井川がたずねた。

「岩畔さんはそのへんの話を、石原にどう説明したのかね」

「石原さんと会ったのは、時間的に陸相に会ったあとでしたが、前半だけ話しました。わたしは東条派ではなく、反東条の武藤（軍務局長）さんの仲間ですからね。するとる石原さんは、〈皇軍の威信だ？　一兵たりとも引かない？　それじゃあ、まるでだだっ子の論法じゃないか。東条はバカの一つ覚えで、なにかといえば、威信にかかわるだの、戦死した英霊に申しわけがたたないだの、をふりまわしているんだ。確かに英霊に深々と頭をさげるのは、生けるものの礼儀だ。しかしあいつらは、英霊に申しわけない、を敢闘精神の高揚や、戦の推進力に利用しているんだ。これが、支那事変を長期化させている元凶だよ〉と、大きな声で強調していました」

　井川はしたり顔で言った。

「石原は変わり者だけど、いいこと言うね。結局、東条は陸軍主流派のロボットですな」

日米諒解案で日本側が重視したもう一点は、満州国の承認問題であった。リットン調査団の報告書が出る前から、米国は〈黙認するも承認せず〉の態度だったが、今回の日米交渉でも、米側は意外にも問題にしていなかった。

このような場合、日本人の思考は〈承認するにきわめて近い〉と受けとってしまうのだが、こんな希望的観測は、外交交渉では禁物である。したがって野村大使は、この点をもっとつっこんで確認し、なぜ文書化しておかなかったのか。満州さえ確保すれば、ほかのもろもろは、この際、飲んでもよかったのだ。

結局、〈大事なポイントをあいまいにしておく〉日本人の思考方法が、アダになってしまう結果になる。ハル・ノートの原案作成の段階で、詳細は後述するが、ハリー・ホワイトらの勢力につけいる隙をみせてしまったからである。

一九四一年四月　ハル四原則をもちだす

ハル国務長官の権謀術数

　ワシントンの四月は新緑が目にあざやかで、生あたたかい風も心地よい。穏やかな光の中を、野村大使の車は国務省に向かっていた。だが大使館を出るとき、井川が言った言葉が、ひっかかっていた。

「大使、変ですね。おととい会ったとき、ハルは諒解案の進めかたの手順を、再確認していますよね。あのとき、こちらが申し入れた〈蔣介石への援助拒否〉をノーだと言いましたね。もしかしたら、それにたいする日本側の返答が解読されて、めんどうなことをハルは言いださないでしょうね」

　案の定ハルに会ってみると、二枚のタイプされたメモを手渡しながら、伝えてきた。

「これは先般の諒解案をまとめただけのもので、大きな変更点はないから、本国に照会して至急検討してもらいたいんだがね」

井川が言ったように、ハルは外務省からきのう野村にとどいた、〈先方の真意をただせ〉の暗号電を解読して、日本の空気に不安をもったのかもしれない。

この解読うんぬんについては〈現在使用せる暗号（パープル）は事実上解読不可能〉という説明を最近確認したばかりであったから、野村は考えないことにした。

野村に手渡された『ハル四原則』とは何か。要点だけをひろうと、次のようになる。

一、すべての国の領土と主権尊重
二、他国への内政不干渉
三、通商上の機会均等を含む平等の原則遵守
四、平和的手段によって変更される場合を除き、太平洋の現状維持

これを読んだ野村は、大使館に帰って、さっそく井川らにみせた。

「特に難題をふっかけてきたわけじゃないんだがね。ただ、わざわざ手渡す意図が、わからないんだ」

先に読んだ寺崎一等書記官は、井川、岩畔が読み終わるのを待ってから言った。

「一の、すべての領土と主権尊重は、諒解案の三番目に謳ってありますが、米国の仲介で支那事変が解決すれば、撤兵することになるわけですから、問題にならないはずですね。

二は日本があと押ししてできた南京《ナンキン》の汪兆銘《おうちょうめい》政権のことですね。確かに内政干渉にあたりますが、事変解決後に南京政府を解体させて、汪兆銘を日本に亡命させればいいだけのことです。

三も事変解決で、道はみえてきます。

四は、米艦隊の主力が集結している真珠湾の戦備が強化されている現状は、日本海軍には刺激的でしょうが、今すぐどうこういう課題ではないですね」

岩畔の意見は、「陸軍としては、米国による支那事変仲介の確約が先にないと、飲めない相談かもしれません。なにしろ東条陸相は、〈支那から一兵たりとも退《ひ》かせない〉を表看板にしていますからねえ」だった。

井川も岩畔の意見に同調したので、野村はその日の夕刻、再度ハルを訪ねて反論した。

「この四原則を前提条件にしなくても、諒解案の協議の中で議論してもよいではないかと思いますが」

するとハルは、「いや、これが前提条件ですな」と譲らなかった。

——アメリカのように歴史が浅い国は、いったんこうと決めた原則論には、まるで天恵のごとく、こだわるらしい——。

そう思い直した野村は、話題を転じることにした。

「ところで長官が示された四原則には、われわれとの合議で交わした、日米諒解案の懸念事項である満州国の問題について触れてありませんが」

と問いただした。するとハルは、クールな返答を返してきた。

「この四原則は、満州国とは無関係ですな」

よく考えれば、少し話題をそらせたようにもとれるのだが、

——そうか。ハル長官はもともと合衆国政府がとってきた〈満州国は承認しないが黙認する〉という態度をそのまま引き継いでいるから、これでいいわけか——。

そう思い直して、ハル邸を辞した。

大使館に戻った野村は、井川らを自室に招いた。すると寺崎が、

「あれからハル四原則を何度か読み直してみたのですが、全体的にオブラートに包んだ表現になっているのが気になりますね」

と言った。そのあとをうけて井川が、

「これによって日本の反対勢力、特に陸軍を刺激しない工夫がしてあるようにもみえるのですが。しかし悪くとれば、いざというときのために、逃げ道が仕込まれているともとれます」

これもやはりハルの背後にいるホワイト次官補や、エピローグで触れることになるモスクワの指令を受けたミスターXの、差しがねであった可能性が大なのだが、野村たちは気づいていなかった。

結局、ハル四原則には、

「あいまいな表現もありますから、日本では各方面から勝手な意見がでて、紛糾するかもしれませんよ」という意見が大半だった。

「そうだなあ。これがあっては、話が進まない恐れがあるね」

となって、野村はこの四原則を添付しないまま、日米諒解案を東京に送ってしま

った。

この微妙なやりとりは、外交に精通した吉田茂あたりが野村のそばにいれば、米国外交の裏事情、仕組まれたトラップは読み取れた可能性がある。あるいは、せめてワシントンの寺崎以外の大使館員が総力をあげて野村に協力していれば、防げたミスだろう。国の大事に、「大使のお手並み拝見」では、通らない話だ。

不調に終わった『日米諒解案』

では、日米諒解案に日本国内の反応はどうだったのか。

野村からは諒解案の内容の報告につづいて、「この諒解案については、米国政府も異議なきむねを確認済みであるから、この線でまとめたいゆえ、至急、検討されたい。さらにハル長官からの連絡によれば、〈もしこの案が受け入れられなければ、米国政府としては今後の交渉が難しくなる〉との見解なり」

と打電した。

そこで、日本の中央の反応はどうだったのか。

近衛首相も大橋忠一《ちゅういち》外務次官以下の外務当局も、

「この日米諒解案でいいではないか」と乗り気になり、
陸軍中央も上下をあげて、「おお、いいじゃないか」と、飛びついてきた。

東条陸相もはじめのうちは、「三国同盟とのかかわりはどうなるのかね」

と思案顔だったが、そこは律儀でゆうずうのきかない東条。まだドイツとの同盟関係が弱体化することを気にかけたのだが、

「これで泥沼の支那事変から抜けだせますから」とまわりから説得され、

「そうか、ならこれでいいだろう」となった。

部内の空気が伝えられて決断するとは、井川が言ったように、ロボット東条の面目躍如である。

塚田攻《おさむ》参謀次長にいたっては、

「少しぐらい枢軸同盟にひびが入っても、やむをえんだろう」

と、喜びを隠さなかった。

陸軍は、日華事変の解決が最大のテーマだったのだから無理もない。事変に真っ向から反対していた石原莞爾は、

「だから、はじめからやるな、とオレは言ってきたんだ。あのバカども、ようやく

気がついたか」

と、ニヒルな笑いをうかべたという。

一方、日米関係の好転が最重要課題である海軍は、及川《おいかわ》（古志郎）海相はじめ、異議のあろうはずもなく、期待の声が高まった。

では、天皇の反応はどうだったのか。日米諒解案の電報の写しが、夜になって木戸幸一内大臣にとどくと、木戸は急ぎ車で天皇が滞在中の葉山御用邸に向かった。

床につこうとしていた天皇は、

「ああ、そうか。（日米交渉も）ここまできたか」

と表情をゆるめて言った。

「近ごろは重要問題の発生が東西からくるね。判断する近衛も大変だろう」

〈東西から……〉とは、日ソ中立条約締結につづいて、ドイツから参戦要請もきていたときに、アメリカから『日米諒解案』の請訓電がとどいたことをさしている。

しかし、世の中には、多様な意見が存在する。というよりも、このころは右よりの風が強かった。日米会談の糾弾をさけぶ右翼や右傾した軍人、官僚だけでなく、日米交渉を快く思わない人間も多くいた。

温度差はまちまちで、〈そうはうまく問屋がおろすまい〉、〈枢軸国の分裂を狙った米国の謀略ではないか〉、と疑惑の目を向ける人間たちもいた。

外務省OBの一人は、

「省内には、日米戦争必至と考えていた者も、少なくなかったのです。これはアメリカの謀略で、日米諒解案など、成立するはずはないと。それでなくても外務省は、蚊帳《かや》の外に置かれていたから、おもしろくないわけです」

という具合で、前途多難な日米交渉である。

トーキョーからの回答はまだか

ハル四原則を外務省に報告せずに、日米諒解案の案文だけを送った野村大使。ハルも加わって日本側と協議して作りあげた草案であり、大統領も了承していたのであるから、それだけでも十分だと野村は考えた。

だが日本からの回答が遅いことにハルはいらだって、野村に電話をかけてきた。

「まだ東京からは回答がないのかね」

野村は後悔していた。

——ハルが手交した四原則を、日本側が承認することが前提条件だと主張するくらいなら、やっぱり大統領とサシで会って、諒解をとっておくべきだったな——。

この間のズレの原因には、のちにいくつかの憶測がとんだが、ハルの背後にいるモスクワの〝まわし者〟の差しがね説が有力だった。

交渉の表舞台に岩畔大佐、井川忠雄、カソリック両神父、ウォーカー郵政長官ら、それまでほとんど存在の知られていない人間が急浮上してきたのであるから、陰の部分では裏工作を仕掛けやすかったのだろう。

ところが日本側に、さらなるやっかいな問題が起きてしまった。

松岡洋右外相がゴネたのである。

松岡洋右が犯した大罪

近衛内閣の時代に、「大本営政府連絡会議」というものができていた。天皇を補佐する統帥（陸軍参謀総長と海軍軍令部総長）と政府が大事な案件をすりあわせする会議のことで、原則的に統帥のトップに立つ天皇が臨席することになっていた。場所は宮中であるから、重みがある。

ちなみに戦後の東京裁判では、開戦決定をした最後の会議が「共同謀議」とみなされ、この会議に出席していたかどうかが、量刑を大きく左右した。

四月十八日の連絡会議では、ある委員から、

「松岡外相不在のまま、日米交渉が進んでいたわけですから、ここまできたら、松岡氏の留守中に事を決めてしまうほうがいいと思われるが、いかがですか」

この発言のあとをうけて、及川海相から、

「同意します。松岡は国際連盟から脱退した張本人であることに加え、三国同盟を主導し、このたびも無断で、スターリンと日ソ中立条約を結んできた人間です」

と、意外にも強い発言があった。

三国同盟では賛成にまわってしまい、山本五十六から「勘弁で、済むか！」とやられて、かなり堪《こた》えていたようだ。

独走する松岡について近衛首相は、

「ドイツと手を結んでアメリカに圧力をかけ、ソ連からスキをつかれない状況をつくっておく。それからみずからホワイトハウスに乗り込む、という筋書きと理解しております。いずれにしても、帰朝が近いことでもありますから、外相の意見を聞くことにしたいと思います」

と、日ソ中立条約に水を差さないように気をつかった。

それをうけて東条陸相が、

「松岡外相の帰朝を待って『諒解案』の態度を決するのがスジだと思います」

と最後に発言して、結局、東条のお家芸のスジ論で、決まってしまった。

三日後の四月二十一日夜、松岡が大連まで帰ってくると、近衛は宿舎の大和ホテルに電話をかけた。

「やっぱり、アメリカから重大提案がきましたか……」

日米諒解案は、日米双方がワシントンで練った案件であることを知らない松岡は、わがこと成れりとばかり、ニンマリした。

ところが翌日の飛行機で東京に帰ってみると、野村からの請訓案は、自分の進めてきた対米外交戦略とは、まったく別ものであることを知って、

「こんなことしてくれと誰が頼んだ！」と激怒してしまった。

松岡の帰国を待って行われた、四月二十二日夜の大本営政府連絡会議で、案の定松岡は不快感をあらわにした。

この夜は、天皇が臨席していなかったこともあるが、その場の空気をとりつくろうように、近衛首相以下出席者からは、

「せめて野村大使宛てに原則的に同意なりの回答だけでも発しておくべきだろう」

という意見が大勢をしめた。だが松岡は、

「二週間か、一ヵ月、いや二ヵ月ぐらいは慎重に考えなければならない問題だ」

と言って、不機嫌なまま退席してしまった。

すると、海軍首脳たちから、

「三国同盟締結を主導した張本人が、同盟を武器にして米国に乗り込んで交渉をまとめようとしても、アメリカが応じるはずがないではないか」

「アメリカは建国以来、他国の脅迫には乗らない、プライドの高い国だ」

の声があがり、「そっこく、松岡を切るべきです」と近衛に、迫った。

送った魚の味はいかがですか？

一週間が過ぎても東京から色よい返事がなかった。いつもは泰然とした態度の野村大使も、「まだ入電がないかね」と落ちつかない。大使館内では、

「ソ連から帰国した松岡外相が、いろいろ難しい注文をつけているのかもしれませんね」と見当をつけていると、意を決したように岩畔豪雄と井川忠雄が、野村に進言した。

「松岡さんに直接電話してみましょう。ハル長官も、まだ東京から返事がこないかと、督促してきていますから」

野村大使がうなずくのを確認した二人は、機密保持のためワシントンを避けることにして、ただちに汽車でニューヨークに向かった。

ニューヨーク総領事館に入った岩畔と井川は、そこから松岡の私邸に電話をかけた。松岡が電話口に出ると、岩畔が隠語を使いながら伝えた。

「こちらから送った魚は、至急料理しないと腐る恐れがありますよ。こちらでは大

使以下、みんな首を長くして、魚を召しあがった感想を一日千秋の思いで待っているんです。腐ったら、その全責任は外相のあなたが負うことになりますからね」

しかし松岡はまったくとりあわず、

「野村に、あまり腰を使わないように伝えておけ」

と言って、一方的に電話を切ってしまった。

「腰を使う」とは、「動きまわる」の意味である。岩畔、井川も野村も落胆して、以後、前にもまして松岡不信の念をもつようになった。

国家の命運を左右する、のるか反るかの一大事を前にして、日米交渉にかかわっている日本人同士によるこんな非難の応酬がつづいた。

松岡からきた挑戦状

ようやく松岡外相から、日本側の第一次提案がワシントンに届いたのは、五月十二日であった。だがその内容たるや、きわめて攻撃的なものに変わっていた。

最大の問題である三国同盟については、〈ドイツへの軍事援助をさらに明確に宣言した〉ものになっていた。日独伊は、〈三国いずれの国が攻撃された場合でも、武力攻撃する〉と突っぱね、〈ドイツが現に欧州戦争に参入していない国（アメリカ）から積極的に攻撃された場合においてのみ発動する〉と苦心して作成した部分は、米側も了承していたのに、松岡に一蹴されてしまった。

こうして、三国同盟の骨抜き案は松岡の主張で反故にされ、従来の三国同盟の核心部分に執着して、米国を威嚇したのである。

近衛は松岡を罷免するために、七月十六日に内閣を総辞職したが、切る時期が遅すぎた。閣内からも、

「松岡の独断専行は、十分に罷免の理由にあたいする。日ソ中立条約を独断で調印してきた四月十三日の時点で切るべきだった」

の声があがった。遅きに失した下衆の後知恵だった。

腹を決めるローズヴェルト

松岡からの挑戦的な電文にハルは、国務省の日本班の部員たちを集めた。

「まったくひどい提案だ。日本は合衆国を威嚇して、対英援助を妨害しようというのかね」

そこで国務省特別顧問スタンリー・ホーンベックが、不快な表情で同調した。

「これは提案ではなく、挑戦状ですよ。それに日本から言ってきている欧州戦争の調停とは何ですかね。ナチスに肩入れしているだけではないですか。日中戦争の仲介についても、日本に一方的に利益のある、まったく身勝手な提案です」

ホーンベックは、スティムソン長官時代に極東部長を務めたときからタカ派としてならし、日本大使館員たちをへきえきさせてきた。

東京のグルーに対しても、〈日本に同調しすぎている〉と、鉾先《ほこ》を向けてきたほどの男であるから、松岡からの電文には怒り心頭のていで、手はふるえていた。

威嚇の武器として三国同盟に固守する松岡と、日本を枢軸国側から切り離したいハル。双方の外交トップの争点は、そのまま日米両国の対立となって、鮮明に浮きあがってきた。

このころローズヴェルトは、頻繁にハルをホワイトハウスによんでいた。

「それにしてもワシントンにいる野村と、東京の提案がまったく不一致とはどういうことかね。日本の二元外交の原因は、野村と松岡外相がまったくかみあっていないのが原因だね」

「それだけではないようです。日本側には、対米交渉の内容に多様な意見や主張がありすぎるんですよ。陸軍部内のゴタゴタ、右翼のゴリおしもあります。親独派が主流をしめている外務省内では、〈南方に足がかりがつけられたのは、三国同盟の成果だ〉と言ってのける人間もいるようです」

　すると大統領は、

「結局、強力なリーダーシップをとれる者がいないんだね。まずは近衛に問題ありだ」と言ってから、窓外の景色に目をやった。

　ワシントンは緑の木々が濃い影を落とし、本格的な夏の到来を告げていた。

　――合衆国が変われば、世界が変わる。この夏が終わりを告げるころは、腹の決めどきだな――。

ハルは本当に悪玉か

それでもハルは野村を信頼していた。

「こちらが解読した野村宛ての訓電をみますと、松岡外相、ドイツ派が多い外務省など、反米派の意見を野村は無視してしまうことが多いんですよ。松岡たちを無視して、強引に諒解案をまとめて、近衛から天皇に直訴する手を考えているのかもしれません」

ローズヴェルトは、

「そうか……。最後は天皇という手があったね。この前のクーデター（二・二六事件）のとき、エンペラーは超法規的手段をとって、三日で鎮圧しているからね」

「野村はそれを考えているのではないか……わたしにはそう思えるときがあるんですよ。とにかく、交渉妥結に向けた野村の熱意と真摯な態度には、好感がもてます」

「外交は素人だけどね、人間はすばらしいよ」

「けさグルー大使からきた電文によりますと、〈野村はその前に政変を待つであろう。こちら（東京）では、松岡の罷免に向けて、いったん内閣を総辞職する動きあり〉と言ってきています」

それからハルは考えた。松岡を切る東京の動きを援護射撃してみるか――。

そこでハルは、第一弾として、東京に宛て、次の電文を送信した。

「不幸にして日本政府の有力な指導者の中に、ドイツの征服行動を支持し、勝利を熱望する者がいる。このような指導者が公の地位にいるかぎり、諒解案が望ましい方向に向かい、実質的成果を見いだせると期待するのであれば、幻滅を感じる結果になるだけである」

これはかなり強烈なパンチだ。名ざしこそしていないものの、松岡のことであるのは明白であるから、案の定、松岡は激怒してしまった。

だが日米諒解案の了承に期待をかけていた東京では、松岡が米首脳に送った時点で、「松岡切るべし」の声があがった。松岡を罷免するのはむろん遅いくらいである。

日付からすると、ちょうどこのころ、戦艦長門《ながと》の山本五十六から、同期の嶋田《しまだ》繁太郎宛てに書簡がつづられている。

「要するに近衛公や松岡外相等を信頼して海軍が足を土からはなす事は危険千万にて、誠に陛下に対し奉り申訳なき事なりとの感を深く致候」

艦隊トップの山本からして、日米交渉を近衛首相や松岡に任せるのは〝危険千万〟だとしかみていないのである。

近衛は松岡を、どうしてもっと早く罷免しなかったのか。モスクワで勝手に日ソ中立条約を結んだ時点で罷免しておけば、日米諒解案は成立した可能性が高いのだ。

今回は松岡を切る二度目のチャンスだったが、近衛はなぜか動かなかった。三国同盟が争点だったから、松岡は東条と妙に波長があっていた。

そこで近衛としては、東条に遠慮していたとみるしかなさそうだ。まさに〝優柔不断の近衛〟である。


だが貴重な時間は容赦なくすぎていく。さすがに、大本営政府連絡会議でも深刻な空気が流れ、及川海相が、「対米交渉はまだ続行できますかな」と弱音をはくと、いつもは強気の東条でさえ、「…………」口をへの字にまげたまま、目を閉じていた。

ようやく、先にハルからきた失望と苦言に満ちた電文に、二回目の提案をだすと決まったが、まだ怒りの収まらない松岡が行動に出た。

会議が終わるとみずから外務省の電信室にいき、「断乎《だんこ》拒否」を国務省に送信してしまったのである。まさに感情に奔る松岡の独り相撲である。

さすがにこれを知った近衛首相は、ようやく重い腰をあげて内閣を総辞職し、松岡を切ることにした。

日米交渉を何とかしてまとめたいハルは、国務省内の大部屋に課長クラス以上を集めて、こう告げた。

「大統領とわたしは、日本を枢軸同盟から離脱させる可能性がわずかでもあるかぎり、交渉に入るべきだと思います。日本がスパッと離脱せずに、漸次離脱するにしても、やってみる価値はある、との結論に達しているのです」

このへんの事情を、東京の海軍軍令部では、〈アメリカは、ヨーロッパ戦線と対日本の二面作戦に、まだ躊躇《ちゅうちょ》している〉とみていた。もう一つの見解は、日米諒解案から始まった修正案の応酬の中で、米側が盛り込んだ主張の意味は、〈アメリカ合衆国は対英援助を強化し、打倒ドイツに邁進《まいしん》せざるを得ないところまできている〉であった。

言いかえれば、合衆国はこれからドイツを撃つから、〈日本はドイツから離れてわが方についてくれ〉が本音だが、米側につかないまでも、〈中立の立場でいてくれ〉という意思表示である。

なのに松岡は、アメリカがドイツを撃つなら、断固として日本はアメリカを撃つと、返信してしまった。常軌を逸しているとしか言いようがない。

松岡はここにくるまで、心をゆるせる岸信介にも、実情を訴えていなかった。もともと孤独でゆがんだ性格であるから、意固地に陥っていたらしい。敵意をむき出しにした松岡の特異な対米感情は、心理学者が指摘する自己拡張型の人間の特徴を越えて、重篤な精神疾患に陥っていたとみるべきだろう。

だがコーデル・ハルの言動や書き遺《のこ》した文面から、開戦の年の十月末あたりまでは、米国は何とかして平和的にまとめたいという、努力の跡がはっきりみえている。〈日本を追い詰め、とんでもない通告文をつきつけて、地獄に落とした冷酷な男〉というイメージとは、明らかに違っているのだ。

〈ハル・ノート悪人説〉〈戦争を仕掛けた張本人ハル〉は、惨敗して悲惨な目に遭った日本側による、犯人探しで浮上してきた偽りの人間像ということになる。

だがそんなハルも、「わたしはこの問題から手をひいたよ。あとは軍の出番だ」という発言をするようになり、厳しい態度にかわってしまった。日本はハル・ノートを読み違える前に、コーデル・ハルという人物を誤解していなかったか。

一九四一年夏　戦争へのカウントダウン

腹をくくった海軍

ワシントンが盛夏の季節に入ると、日本も真夏を迎えていた。熱くなっていたのは、日本海軍も同じであった。

七月初旬の御前会議で、〈南方進出のためには対米英戦も辞さず〉が、決まった。

この日、永野修身軍令部総長が天皇の前で、

「日米外交の行き先がただならぬ事態に入りました昨今、仏印・タイに航空基地を作ることが急務であります。これを妨げるものは断固として撃つ、の覚悟をいたしております」

と、南進への強い決意表明があった。というより、天皇のゴーサインを待ってい

る言いかたである。「ノー」が言えなくなっている天皇を見越しての発言だ。

この日、瀬戸内柱島の泊地で錨《いかり》を下ろしていた旗艦長門の長官室に、大西滝治郎少将が訪ねてきた。

「岩国航空隊まできましたので、ついでといってはなんですが、長官の顔をみてから東京に帰ろうと思いまして」

物思いにふけっていた山本は、「とめ男のご来艦か」と言いながら椅子を勧めると、ニヤリとした。

「ついででも、わざわざでもいいさ。どうせ軍令部の使いできたんだろう」

「それより長官。エライことになりましたね。サイゴンへの進駐がきまりましたが……」と、あとの言葉をにごした。

「ああ、さっき聞いたよ。しかし南部仏印進駐はイコール、対米英戦の決意ということだからね。陛下から特にお言葉もなかったそうだから、日本開闢《かいびゃく》以来初めて迎える決死の決断だったんだろう。それにしても、あれほど三国同盟と開戦に反対してきたボクが、連合艦隊の総指揮をとることになるとは、神さまも意地が悪いよ。しかし、これも巡りあわせだからね。やる以上は、とことんやる覚悟だ。君にも航空部隊の訓練と指導は、頼んだよ」

「長官。そのことですが、訓練の時間、浅海用の航空魚雷の性能、相手の空母がいるかどうかなど、いくら研究してもマイナス要因が多すぎるんですよ。やっぱり真珠湾の奇襲は、思いとどまっていただけませんか。これはわたしの一存ではなく、軍令部の総意なんです」

「君らは、まだそんなことを言っているのか。しかし、ボクが連合艦隊を指揮する以上、この作戦は必ずやるからね。軍令部がどうしてもやらせないというなら、軍を退くまでだ。そうしたら好きなエスの小唄でも聞きながら、おもしろおかしく余生をおくるさ」

舷門まで見送りにでてきた山本は、

「いいかね大西君。もうこれ以上、ゴタゴタいわんでだね、ボクの方針に協力してくれたまえ。古来、武人は腹をくくるときがあるんだよ」

このとき大西は、山本の異様なカリスマの前に、かな縛りになってしまった。

「ハッ。今後は一切反対を口にいたしません。作戦成功のために、命を賭して努力します」

大西は、思いもかけないことを言ってしまった。

それから山本長官のきれいな挙手に送られて、大西はタラップをおりていった。内火艇に乗り移ってふりむくと、長官が帽子をふっている。

長門が遠くなり、長官も小さくなっていた。

「フーッ」大きく息をはいて長門をみると、長官はまだ帽子をふっていた。

七月も半ば、時計の針も歩を速めた

・七月十八日、外相には豊田《とよだ》貞次郎海軍大将が入閣して第三次近衛内閣が発足したものの、南進に向けた動きは止まらない。

・七月二十五日

日本が本格的暑さのこの日。南シナ海の仏印沖に浮かぶ海南島から、夜明け前に日本の輸送船団が、駆逐艦に護衛されてひっそりと出ていった。めざすサイゴンは、四日後には到着できる距離にある。

だが夜が明けると、早くも雲間から英軍機がこの動きを捉えていた。とはいえ、日本側にとっては想定内であるから、船団の指揮官も将兵も落ちついていた。緊張の面持ちで耳をそばだてていたのは、瀬戸内海の柱島沖に錨を下ろしている連合艦隊の旗艦長門の無線室と、外務省無線室の当直員だった。

日本の船団を追跡していた英軍機から発信された緊急電は、ただちにシンガポールのフォート・カニングの丘にある英軍司令部にとどき、マニラの米陸・海軍司令部に転送された。《日本の船団南下を開始。サイゴンに向かっている模様》

・二十四日（同日のワシントン）

この電文はすぐにワシントンの陸軍情報局、海軍情報局の通信隊にもとどき、陸軍長官、海軍長官の手をへて、ホワイトハウス、国務省に報告された。大統領もハル国務長官も、うなずいた。「ついに日本は動きだしたね」

困ったのは野村大使だった。

——サイゴン進駐はかぎりなく戦争に近づくことになる——。

そう思いつつ、意を決して大使館の車の後部座席に身を沈めると、国務省に向かった。出てきたのは、サムナー・ウェルズ国務次官だった。

「南部仏印進駐は一時的なものです。日本としてはやむをえない措置でしたが、他国に脅威を与える性質のものではありません」

野村は東京からの指示どおりに伝えた。するとウェルズ次官は、

「世論の突きあげもありますから、合衆国政府としては、対日石油禁輸に踏み切るかもしれませんよ」

薄気味悪いニヤリとした顔で警告した。

大使館に戻る車の中で、

――あの皮肉を込めた言い方は、もう決定しているということだな――。

野村はしきりに、ウェルズの言った言葉の後味の悪さを思いおこしてみた。

・翌日二十五日（ワシントン）

日本大使館の寺崎英成に、東京の外務省にいる兄の太郎（アメリカ局長）から電話が入った。

「その後マリコ（英成の長女）の具合はどうかね。みんな心配しているんだ」

「心配かけてすみません。元気になったと言いたいところですが、症状が重くなる

一方なんです。グエン（英成の妻）も心配で、よく眠れないんですよ」

「そうか。それはお大事に。いい医者と薬が見つかるといいね」

「ありがとう。やれることはなんでもしますよ」

隠語を使った短い電話は、すぐに切れた。


同日、野村大使はローズヴェルトをホワイトハウスに訪ねると、すぐに執務室に通された。思っていたより大統領は穏やかな表情で一通の書簡を手渡した。

「至急検討するよう、日本政府に伝えてくれたまえ。よい返事を期待しているよ」

だがわたされた書簡の内容に驚いた野村は、大使館に戻ると、すぐに側近たちを集めた。先に発言したのは寺崎一等書記官だった。

「この書簡は、仏印を英・蘭・支・日・米によって中立化させる案ですね。これでは日本の仏印進駐を無力化するだけでなく、蘭印へのルートも閉ざされることになります」

ため息をついた井川も同調して、

「アメリカ主導で、日本には南方に指一本触れさせない作戦だから、事実上の挑戦状ですよ。ついにここまできてしまいましたか」

無言だった野村大使が、腕組みしたまま口を開いた。

「これでは、日本政府はとうてい受け入れないね。しかもアメリカは、すぐに次の手を打ってくるはずだ。みんな、今日は帰宅をみあわせて、大使館内で待機していてくれたまえ」

・同日二十五日（ワシントン）
情報担当の寺崎が、野村大使の部屋をノックした。

「合衆国政府が、ついに対日資産の凍結を発動してきました。ずいぶんと素早い行動ですね。大統領も百も承知のはずですから、英国、オランダ（在インドネシア植民地政府）も、これにつづくはずです」

そんなことだろうと、うすうす感じていた野村大使は、

「覚悟はしていたんだが、予想より早かったね。サイゴン進駐に合わせて、三国が足並み揃えて経済封鎖を仕掛けてきたわけだ」

すぐに井川も岩畔も、大使の部屋にやってきた。

元大蔵官僚で経済が専門の井川は、

「アメリカ国内の日本資産が凍結されると、銀行口座も押さえられてしまうんです

よ。これでは石油や鉄鋼など戦略物資の購入もできないから、お手あげです」

という意見だった。

支那事変を現地で体験していた岩畔は、

「陸軍が主導した北部仏印のハノイ進駐のときは、鉄道や道路、港などの援蔣《えんしょう》ルートを遮断しましたが、支那事変を早期解決するため、という大義名分がありました。しかもフランスのヴィシー政権は、親独派ですから、日仏の間で合意されての進駐です。しかし海軍が主導した今回の南部仏印（サイゴン）進駐となると、まったく意図が違いますからね。むろん狙いは、海軍が喉から手が出るほどほしい、油の宝庫の蘭印です。そこで航続距離三千キロと、足の長いゼロ戦を南部仏印に配備すれば、蘭印が攻撃圏内に入ることになります。これはフィリピンを押さえている米国、マレー・シンガポールを植民地にしている英国には、一大脅威ですからね。その回答が、今回仕掛けてきた経済封鎖です」

こういうとき野村大使はさすが元海軍大将だけあって毅然とした態度で告げた。

「この日米交渉は、アメリカ側からみれば、開戦準備の時間稼ぎとみていると思う。そのわれわれに、今歴史の審判がくだされようとしている、と覚悟してもらいたい。これから何があろうとも、けっしてうろたえないように」

・八月一日（米国七月三十一日）

米国はついに、対日石油輸出全面停止を通告してきた。このままでは、いずれ海軍は艦隊も飛行機も動けなくなる。

国務省から知らせを受けたグルーは即座にハルとローズヴェルトに電信を送った。

「そこまで日本を追い込むと、暴発する可能性大と信ず。東京の空気、悪化の一方なり」

それから大使は、天皇に近い近衛や宮中グループを訪ね、説得に奔走していた。

「ぜひとも、外交で解決していただきたい」

――こんなとき陸軍にもルートがあればいいのだが――。グルーは後悔しきりだった。

尾崎秀実の緊急情報

このころ、虎ノ門の満鉄調査部東京支社にいた尾崎秀実は、

「一週間の予定で、大連本社の会議に行ってくるからね」

と言って、でかけていった。

大連本社につくと、戦時経済担当で旧知の宮西義男を呼びだした。そこで互いに会議の日程を確認すると、いつものように、気軽な調子で尾崎がたずねた。

「君らも毎日大変だなあ。いよいよ日本も正念場だからね。海軍はおおわらわだろうけど、日本の石油備蓄量はいったいどのくらいあるのかね」

聞かれた宮西は、

「こまかい数値はあとでご報告しますが、陸軍二百万トン、民間二百万、海軍は秘密裏に備蓄している分を含めて千二百万、合計千六百万トンですね」

「ほう、割合ためこんでいたんだね。考えてみれば石油と鉄類のような戦略物資を、よくアメリカはこれまで日本に売ってくれたもんだ」

「石油は八十五パーセントをアメリカに依存していましたからね。確かにお人好《ひとよ》しのアメリカです。でもこれからが大変ですよ。一滴も入らなくなりますから」

東京に戻った尾崎はいつものように早朝にゾルゲ宅を訪ね、さっそく報告した。

「現在の海軍の備蓄量は千二百万トンだけど、平時なら日本海軍の年間石油消費量は四百万トン。演習が熾烈《しれつ》化した過去一年間では、五百万トンにたっしていたそうだ。しかし開戦となれば、海軍の石油消費量は喪失分も含めると、はるかに増大することになる」

「フン。では年内に開戦になると、どのくらいの期間もちこたえるのかね」

「満鉄調査部戦時経済課の試算では、ギリギリ二年といったところだ。さて日本はどうするかだが」

「こちらの問題は、モスクワがこの数値をどうみるかだ。今夜遅く、クラウゼンに緊急電を打たせるけどね」

——さてこの情報を、スターリンとモロトフは、どう判断するのか。まだ北進の可能性がゼロではないが、かなり安心材料となるかもしれない——。

ゾルゲはそう考えて、近ごろ日課のようになっている銀座のネオン街にでかけていった。自分では、これも偽装工作と割りきってはいるのだが、周囲の警戒の目が注がれる日々に堪えるには、酒とオンナしかなかった。

一九四一年　最後の賭け　日米首脳会談

八月四日の近衛邸

近ごろ、日米戦争が急速に現実味を帯びてきた。この事態は、巷《ちまた》にも敏感に伝わっているらしかった。緊張と疲れからか、銀座をゆくモンペ姿の婦人たちも、うつむいて歩いている。

一方、心労が重なった近衛は、別邸荻外荘で、朝から床にふせていた。

だがこの日の昼前、側近の富田健治内閣書記官長が、伊藤述史《のぶふみ》情報局総裁とつれだって荻外荘にきて、意外なことを告げた。

「ワシントンの日本大使館に任せていたのでは、らちがあきませんよ。この際、思い切って総理がローズヴェルトと直談判《じかだんぱん》してみてはどうですか。むしろ遅すぎるきらいはありますが、ここは当たってくだけろの気持ちで」

腕組みして聞いていた近衛はうなずくと、

「うん、そうだね。やるなら早いほうがいい」

今度は伊藤のほうが、たたみかけた。

「あとから陸軍や海軍が待ったをかけたり、追加条件をもちださないように、すぐに説得してください。それには今日の午後にでも参内して、陛下にお墨つきをいただけば、陸・海軍もああだ、こうだと言いませんよ」

そこで近衛は、二人に三つの要点を口述筆記させた。

（一）米国大統領も日米双方でやり残しのないようにと言ってきているくらいであるから、この際、尽くすべき事を尽くすのは、われわれの義務と考える。

このままずるずると戦争に入ることは、世界平和、特に日米国交を最も御軫念《ごしんねん》遊ばさるる陛下におかれても、また国民に対しても、申しわけなき事と考える。

尽くすだけの事は尽くしてついに戦争になるというならば、これはいたしかたなし。その場合には、われわれも腹がすわり、国民の覚悟もきまる。要は人事を尽くして天命を待つの心境である。

（二）この際、総理みずから大統領と会見のうえ、帝国の真意を率直大胆に披露する。大統領と直接会っても諒解を得られなかったのであれば、国民に対しても日米戦やむをえずとの覚悟を促す事になる。

世界に対しても侵略するのではなくして、太平洋平和維持のためにはこれだけ誠意を尽くした事がはっきりすれば、世界世論の悪化をいくぶんにても緩和できる効果がある。

(三) 問題はなんでも米国と話しあいをつけるという事に急なるのあまり媚態《びたい》となり、屈服の感があってはならぬ。

その日の夕刻、近衛が参内すると、天皇から、

「そうだね。うんそうだね。何としてでも、この交渉をまとめるように」

というお言葉をいただいた。

近衛の三要点をみせられ、天皇のお言葉を聞かされた及川海相、永野軍令部総長も、東条陸相、杉山参謀総長も、「けっこうなことじゃないか」

と賛同して、ようやくここにきて国内はまとまった。

近衛が先に口述した文言が公になると、国内から賛美の声があがった。

〈意外な気がする〉〈火事場のバカ力というが、今までの弱腰のお公家さんの姿で

はなく、思いつめた気迫がうかがえる〉〈どうしてもう少し早く、近衛さんはこの覚悟を決めなかったのかと、惜しまれてならない〉

宮城から戻った近衛の本気度は、側近の牛場友彦にも伝わった。

「こちらも相当な手みやげをもっていかなくては、まとまる話ではないからね」

そこで牛場が、「手みやげの中身は、支那からの全面撤退と三国同盟の破棄ですか」とたずねた。

「むろんそうだよ。軍が交渉条件でゴチャゴチャ言わないように、手は考えてある」

「といいますと？」

「明日、もう一度参内して陛下にお願いする。〈会見の地から、直接陛下に電報でご裁可をお願いしますから、よろしく〉とね。まあ、非常手段だけど」

近衛の決意を聞いて驚いた牛場は、もう一度真意を確かめた。

「米国のどこかで天皇宛てに電報で裁可を得るのは、参謀本部、軍令部の統帥系統さえ無視した、まさに非常手段ですが、それでよろしいんですね」

「そうだよ。もう覚悟はできているさ」

さらに牛場は念をおした。

「首脳会談をやれば、軍部以外の反対勢力から殺されることになるかもしれませんよ。それだけではありません。米国に日本を売ったと、汚名をきせられることもあり得ますが」

だが腹を決めた近衛は冷静だった。

「今さら、自分の命のことなど考えないよ。汚名をきせられてもかまわないさ」

そして翌朝、近衛は参内した。

一時間半後、近衛の車が宮城から戻ってきた。官邸の車寄せで待っていた秘書官たちが出迎えると、近衛は牛場に小さくうなずいて、目くばせした。

それから牛場だけを執務室に入れて、

「うまくいったよ。これでローズヴェルト大統領さえこの会談に応じれば、問題は解決する。だけど非常手段のことを知っているのは、陛下とボクと牛場君だけだからね。これがもれたら、エライことになるんだ」

・八月十日（東京）
この日の夜、近衛に呼びだされたグルー大使は、人目を避けて芝白金の伊藤文吉（博文の子息）邸の門をくぐった。大使が来るのを時計を睨《にら》みながら待っていた近衛は、いつになく真剣な表情で、切りだした。

「ワシントンでの日米交渉ではらちがあきませんから、大統領とサシで会談したいと思います。そこで大使には、ぜひとも協力していただきたい」

いつのも温和な表情で大きくうなずいたグルーは、身を乗りだすようにして、

「さっそく今夜、ワシントンに伝えましょう」と、快諾した。

思いつめた表情をみて、グルーは近衛の覚悟を見抜いていた。そこで国務省に宛てて、次の電文が打たれた。

〈日本の首相は三国同盟を死文化する意向を示しており、会談は希望のもてるものになると認められる。これが成立しないと、近衛内閣は瓦解し、軍事独裁政権が誕生する。そうなれば手おくれとなるゆえ、米国としては建設的和解をはかるべきであると信ずる〉

グルーは好きなジョン・ヘイグの水割りを傾けながら、まだ起きていた執事の船山貞吉に、少し疲れた表情で話しかけた。

「戦争は避けられないからといって、ネをあげるような大使なら、さっさと荷物をまとめて帰国すべきだね」

一方、日米首脳会談に向けた首相官邸の動きを知った東条陸相は、近衛に向かっ

て、注文をつけた。

「首脳会談の結果、不成功だったからといって、辞職せざることですな。まとまらなければ、みずから対米戦争の陣頭に立つ決意をかためる覚悟で、交渉に当たってもらいたい」

近衛総理には、命がけで交渉してほしいという意味である。

その日の夕刻、瀬島龍三は陸相官邸で東条と向かい合っていた。

「これで会談にこぎつければ、妥協点は見つかりますね」

「そう思って、総理には厳しいことを言っておいたよ」

「近衛ミッションには、陸軍から誰をだしましょうか。相手もアッと驚くひとがいいですね」

「そうだなあ。思い切って武藤はどうかね」

「いいんじゃないですか」


まもなく近衛ミッションの随員が、首相官邸から発表された。

陸軍の目玉は、やはり武藤章少将であった。武藤は周知のように、〝ドンパチ屋〟の異名をとるほど、好戦的な男とみられていた。日華事変では拡大派のリーダー的存在で、三国同盟推進論者であることは、米側も知っていた。

だからこそ近衛は、東条の推薦もあって、日米交渉に武藤を同席させ、この男が交渉の席上で同意すれば、米側も納得するはず、と読んでの起用であった。

——加えて武藤章は、対米戦争には反対していたから、会談がスムーズにいくのではないか——。

近衛はそう考えた。

だが近衛ミッションには、もっと驚く本物の切り札がいた。何と連合艦隊の山本五十六長官であった。

——日米戦争となれば海軍の総指揮官である山本が、近衛の傍らに控えていれば、交渉の本気度を米側に伝えられる。アメリカは、敵の大将が出席している事態をむげにはできない——。

同日のワシントン。

野村大使は国務省にハル長官を訪ねた。

「日本から訓電が来ました。〈この際、近衛首相みずから、ぜひ大統領とサシで日米首脳会談を行いたい〉とのことです。ぜひ実現にご協力いただきたい」

しかし、この申し入れはタイミングが悪かった。南部仏印に進駐して米国を怒らせた直後のことであるから、ハルの態度は、今までになく冷ややかだった。

「日本の政策に変更がないかぎり、大統領にとりつぐ自信はありませんな」

日本大使館に引き返しながら、野村は考えた。

——東京は、ワシントンの空気が読めていないな。よし、だったら直接、ローズヴェルトに会って、もちかけてみよう。こんなときこそ、ローズヴェルトとの信頼関係を発揮するときではないか——。

するとホワイトハウスの秘書官は、意外なことを告げた。

「ただいま大統領は、ワシントンにおりません。十日後ぐらいでしたら、戻っていると思います」

ローズヴェルト・チャーチルの洋上会談

実際、このときローズヴェルトは、ワシントンを不在にしていた。

あとでわかったのだが、八月八日から十二日まで、ローズヴェルトとチャーチルの洋上会談が、カナダ東海岸のニューファンドランド島沖で、極秘裏に行われていた。アメリカの参戦をとりつけたいチャーチルは、英国がほこる新鋭戦艦プリンス・オブ・ウェールズ（排水量三万六千七百二十七トン）で、カナダ沖まで来ていたのである。

ローズヴェルトがチャーチルに言った。

「わが国では、国民の八割が参戦に反対していますからね。わたしは固ずを飲んで、日本の出かたを待っているところです。日本に経済封鎖をかけたので、日本が打ってでるのか、臥薪嘗胆《がしんしょうたん》するのか。大きな変化が起きるとしたら、いつなのか……」

だがこの会談でチャーチルは、ローズヴェルトから、

「日本は確実に南方へ資源を獲りにいく。至急、シンガポールの守りを固めたまえ」と強く警告された。

そこで会談を終えると、プリンス・オブ・ウェールズは本国にとって返し、ただちに戦備を整えてシンガポールに向かった。英国東洋艦隊の旗艦として、日本軍南下の抑止力、一朝あった場合の、東南アジア全域にわたる防衛任務についたのだ。

タイミングの合わない野村大使からローズヴェルトへの申し入れ、米英首脳会談への流れから見えてくるのは、当時の情報通信・交通手段の未発達ぶりである。今日のように飛行機なら半日で行くことができ、テレビ電話でいつでも話せる時代であれば、結果は違っていたはずなのである。

・八月十七日（ワシントン）

ワシントンに戻ったローズヴェルトは野村大使をよんで二通の書簡を手渡した。

「これは君にだけに伝える書簡だからね。参考までにという意味で書かれたものだから、そのつもりで見てくれたまえ」

と言ってわたされた一通目は、「対日戦争警告」とタイトルがついた文書であった。米・英・蘭は、すでに日本に対して厳重警戒態勢に入っている、という内容で、先のチャーチルとの洋上会談で確認し合った事柄であった。

さらに「合衆国政府は、必要と認める一切の手段を講じざるを得ないことを通知する」と、あった。米国はすでに対日戦争を覚悟しているという意味であり、大統領が「君にだけ伝える」といったのは、日本の軍部を刺激しないように気遣ったのは明白である。

大統領からわたされた二通目が、問題の両首脳会談の申し入れにたいする回答であった。その内容は、会談には原則的に賛意を表明しながらも、〈太平洋に関する明瞭な平和的ステートメントを提示せよ〉というものであった。


野村は側近たちをすぐに集めて言った。

「確かに、近衛総理からの提案には具体性がかけていたね」

寺崎の意見は一歩内容に踏み込んだもので、

「軍の意見を入れると、ややこしくなりますよ。あとから追加事項がでてきたり、そのつど、こちらも国務省もふりまわされるのは、ゴメンですから」と述べた。

「もっともですな。大使、もうここまできたら、近衛総理だけの意見で十分ですよ」

と井川が言ったのをうけて、野村大使は、

「わたしも賛成です。もう時間が迫っていますから」ということになった。


近衛も首脳会談にいよいよ本気になったらしく、

「自分と秘書官たちで練りあげたメッセージだから」

と断り書きを入れて、〈非常な熱意と努力とをもって作りあげた回答声明〉が、大統領宛てメッセージとして送られてきた。

大統領への回答文の前段は、

「危険水域まできてしまったが、日米双方に意思の疎通を欠き、互いに疑惑誤解を重ねてきたことにあったと思われる。その原因は第三国の謀略と策動によるものと考えられる」とあった。

言外に、日華事変が中共とソ連によって仕組まれた謀略、であったことを指摘している。問題の近衛メッセージの要点は、

一、日本は支那事変が解決され次第、ただちに仏印より兵を引きあげ、三国同盟は死文化させる。

二、日本が合衆国より圧迫を受けつつありとの印象を与えるような措置は、すみやかに緩和せらるることを切望する。

三、両国首脳による会見がすみやかに実現することが、最も緊急かつ、最重要と確信する。

の三点であった。さてこれにアメリカがどう応えるのか。もうこの段階ではハルが相手ではなく、近衛は大統領と直接談判することに決めていたことは明らかである。

・八月二十八日（ワシントン）

この日の前日、ローズヴェルトの秘書官から、野村大使に電話がかかってきた。

「明朝十時に、ホワイトハウスにおいでください。大統領がお待ちしています」

そこで指定された時間にでむくと、大統領の隣にハルがいることに、野村は不吉な予感がした。それでも大統領は笑顔いっぱいに、

「近衛のメッセージはすばらしい提案じゃないか」

と開口いちばんいってから、二人はこんな会話をした。

「近衛は英語を話すかね」

「話すよ」

「ザッツファイン。会談の場所だが、日本が提案してきているハワイは遠すぎて、ワシントンを不在にする日数が多いから都合が悪い。ジュノー（アラスカ州南東部の都市）がいいのではないか」

と上機嫌で、首脳会談に大いに乗り気であるように野村には映った。

大統領は積極的だったものの、同席していた国務長官は消極的だった。ハルは、以前示した原則論（四原則）にこだわりをみせた。

「あらかじめだいたい話をまとめおいたうえで、いよいよ両首脳の会見となれば、これで最後的な決定としたい」と、会談の道筋をみせたまではいいのだが……、「中国問題と別途の日米国交調整は難しいね」

と、従来と同じことを繰り返した。

それだけではなかった。三国同盟問題をまたもや蒸し返してきたのには驚いた。あとで野村に、井川がこう話した。

「やっぱりハルは日米諒解案を、あの松岡のやつから蹴られた後遺症から抜けだせないようですね」

「そうだね。ハルの不信感は根深いようだ」

松岡はすでに、一人の民間人にすぎないのだが、ハルは松岡への不信感が、トラウマになっていたのだ。

・八月末（東京）

大統領の回答と、国務長官の返事の報告が東京に着電すると、反応はさまざまであった。

陸軍省軍務課長佐藤（賢了）大佐が、

「アメリカは間抜けだわい。無条件に会えば万事彼らの都合どおりいくのに」

と言った一言が、瀬島龍三には印象的だった。

そのあと野村からの督促に、大統領の返事も「首脳会談の時期は延期したい」

「あらためて会談の時期については考えておく」と後退していった。

では、その間に何があったのか。

動きだしたハルの背後

・八月中旬以降のワシントン

ワシントンも盛夏に入っていた。それでもニューヨークの都心部とくらべれば緑が多く、流れている空気にもさわやかさがあった。だがそれは、政治の世界から離れた世界での話である。

ハルに引っ張られているのか、引き潮のように大統領の態度も徐々に引いていった。表面上のタイミングでは、野村・井川が言うように、諒解案を松岡が一方的に書きかえ、しまいには拒否してきたのが理由のようにみえる。だがハルの背後にいる人間たちの動きが日本側には見えていなかった。

ハルの背後には、二つのグループがあった。一つは、国務省の前極東部長で、現在は国務省特別顧問のホーンベック。彼はハーバードのグループではなく、対日強硬派の代表格として知られていた男だった。

「資源がない日本は、しめつけるにかぎる。すぐにネをあげるさ」

と言い放っていた男で、日本の資産凍結、対日鉄屑《てつくず》の禁輸、石油の禁輸などを主張したのもこの男だった。ホーンベックが、

「日中戦争、三国同盟、南部仏印進駐を決めた近衛文麿を信用するな」

と、ハルを相手に、日本潰しに躍起になっていたのはわかっていた。

だが注目されるのはハリー・ホワイト財務次官補を核にした、ハーバード大学出身者のグループで、もう一つの流れである。

・九月に入ったワシントン
日本が日米首脳会談をもちかけると、意外な人物が動きだした。蔣介石夫人の宋《そう》美齢《びれい》が急ぎ渡米すると、得意の英語を使って、大統領側近たちに働きかけはじめたのである。手はじめに、大統領夫人のエレノアを訪ねた宋美齢は、

「凶暴な軍人が政治介入している日本は、断じて潰さなければ、関係国に大きな災いを残します。二度と立ち上がれないように、徹底的に潰していただきたいと、大統領閣下にぜひとも、そうお伝えください」

と言ったその足で、彼女は周囲の要人たちを説得していった。

前出の同盟通信の記者は、

「その話をキャッチした朝日のワシントン支局が、あとを追っていたのは事実です。同盟はあのエリアをカバーできる人材がいないので、松本（重治）支局長は動かなかったけど、注目はしていましたよ。社のほうでも、それなりの情報は摑《つか》んでいましたが、わたしは与太情報だろうとみていましたね。蔣介石夫人とはいえ、一人の女の説得で、アメリカの戦略が変わるはずはありません。日米首脳会談を潰したのは、やっぱりモスクワの地下の動きですね」

ではモスクワの動きとは何かについては、〈エピローグ〉に譲ることにする。

青天《せいてん》の霹靂《へきれき》　東条英機登場

結局、日米首脳会談は流れ、おまけに近衛のブレーンの一人だった尾崎秀実が、スパイ容疑で逮捕されたことが重なって近衛文麿が去り、十月十八日に東条内閣が成立した。

「東条に大命降下」の報にまず驚いたのは、身内の陸軍部内だった。

「まさに青天の霹靂ですよ。みんなエッという反応でした。結局、開戦まで五十日しか残されていなかったのですから、ジョーカーを引きあててしまった格好です」

と瀬島龍三。

だが組閣の前日、秘書官からの電話で岸信介がひそかに陸相官邸を訪ねると、煙草《タバコ》を吹かしながら東条が厳しい顔で待っていた。

「やあ岸君。ボクはおかみから、エライことを引き受けさせられたよ。いきなり〈東条に組閣を命ず〉と。なにしろ現人神《あらひとがみ》のお言葉だから、こちらはただ、ハハアと、返事する以外になかったよ。まあ天命だな」

岸も驚いたが、もっと確かめることにした。

「で、陛下からはほかに何と」

「〈情勢はきわめて厳しいものがある。この際、陸海軍は関係をいっそう密にせよ。同時に、何としてでも今日の日米関係を平和的に解決するように〉とおっしゃった」

「それで東条さん。わたしには何をしろと」

「君は何といっても、産業経済の第一人者だ。満州での実績も申しぶんない。いやじつに見ごとだったよ。そこでだ。今のような準戦時体制下にあって、軍需産業の要になれる人間は、君のほかにいない。この国難を乗りきるために、ぜがひでも、商工大臣を引き受けてもらいたい」

東条が関東軍参謀長、陸軍次官、さらに陸相にかけあがっていくころから、岸はこんな日がくることを予感してはいたのだが、いざ現実となってみると、戸惑いを覚えた。

ましてや、日米関係は予断をゆるさないところまできている。そこで岸は、権力者には一歩も退かない、もちまえの図太さで、切りこんだ。

「しかし東条さん。あなたは〈支那から一兵たりとも撤兵させない〉と主張している開戦論者ですね。だからみんな、いよいよ戦争内閣の到来だとみていますよ。むろん、わたしもそうみています」

東条は苦笑いして、また煙草に火をつけた。それからおもむろに、

「あれは陸軍大臣だったからだよ。ああでも言わないことには、軍は収まりがつかないんだ。しかし今度は、一国の総理だから、そうはいかない。おかみも木戸（幸一）内府も、〈軍を押さえて戦争を止められるのは、東条しかいない。外交交渉もしっかりやるはずだ〉とおっしゃられてね。ボクも全力で和平に向かって、ご奉公するつもりだ」

「わかりました。絶対に開戦にもっていかないなら、引き受けましょう」

と、結局はうけてしまった。

よほどうれしかったのか東条は、

「そうか。引き受けてくれるか！」と破顔一笑して、

「岸君とは、よほど縁があるんだなあ」と言ってから、神妙な表情に戻った。

「考えてみると、満州国建国のころは、霞ケ関《かすみがせき》だけでなく各界の俊英がこぞって満州に集まった。それが今は、逆に満州から内地に引きあげさせている時代になった。岸君たちが、向こうで後継者を育ててくれたからだけどね。しかし、これから

が大変なんだ。これはまったく最悪の場合の話だが、開戦になったらどうなる？そこで、軍需産業の補給力をいちばんよく知っている岸君にぜひ聞いておきたい。

これはわれわれ軍人にはわからないからね」

「はじめの半年間はもちますが、そのあとは、まったく補給力が違います。資源と生産力が、雲泥の差ですから」

「しかし、戦争はやってみないとわからない。勝ち目のなかった日露戦争でも勝っているんだから」

――日露戦争をもちだす東条の頭は、まだ明治なのだ――。

岸はそう思いながら、

「しかし、開戦だけは、絶対に避けてください」

東条はうなずいて、口を一文字に結んだ。

こうして、日本がのるか反るかの一大事に、開戦論者の軍人宰相が誕生した。

普段からやかましい政界スズメやマスコミも、

「まさに、〝毒をもって毒を制する〟ことになったたね」

「陛下は、〈虎穴に入らずんば虎児を得ずということだね〉と、言ったそうだ」

と、たいそう賑《にぎ》やかだった。彼らの中には、

――いっそのこと、ドカーンとやったほうがいいのではないか――と、一般国民も含めて内心、期待していた者も多かったのも事実である。

新任駐米大使と日本が提示した甲案と乙案

そんな中、ワシントンに来栖《くるす》三郎《さぶろう》という一人の特派駐米大使が赴任してきた。さっそくハルは大統領に、

「日本政府は軍事行動の開始をカムフラージュするために、来栖を送りこんできましたね。彼はドイツ大使として、三国同盟に調印した張本人です」

と伝えると、ローズヴェルトは苦笑した。

「フン、なるほど。トウジョーは、外交交渉の継続を装っているらしいね」

そこまで言われてしまえば、身もふたもない。日本側の芝居としか映っていなかったのである。

・十一月七日（ワシントン）

「ハル長官。日本側としては一歩も二歩も譲歩した案ということで、お届けにあがりました」

日米交渉の土壇場になって、野村大使と来栖大使は、ハルに一通の文書を手渡した。通常『甲案』といわれる文書であった。

ハルはパラパラッと流し読みしたが、「フン、話にならんね」と言ってつき返してきた。

悄然《しょうぜん》と帰ってきた野村と来栖を待っていた井川は、むしろサバサバとしたものを感じていた。

「確かに代わり映えしない提案ですからね。一点目の、〈米独戦が始まった場合、日本の発動は、自主的に決める〉は、以前と同じです。二点目の支那からの撤兵にしても、〈事変解決後、二年以内に撤兵を完了する〉、はむしろ後退しています。それから三点目の、南部仏印から撤兵は支那事変の解決が条件ですからね」

すると野村は、

「石油が止められてしまって、戦争か和平かの瀬戸際のときの提案にしては、高飛車な態度だと思っていたんだが……」

東条内閣になってから、むしろ日米交渉は後退していると感じていた。来栖とて同様である。

「ここは思い切って、南部仏印と支那からの無条件即時撤退、三国同盟の即時破棄の〝三種の神器〟といってはバチがあたりますが、起死回生の奥の手をもっていかないことには、まとまりませんよ」

と、井川は少々投げやりな言いかたをした。

「確かにそのとおりですが、東条内閣も外務省も、そこまでは踏み込めませんよ」

寺崎のこの一言が、すべてを物語っていた。

甲案が不調に終わるのは想定内であったから、別途、乙案が用意されていた。東条の側近瀬島龍三は、「これが軍としてできる、ギリギリの譲歩です」

と東条に説明したが、南部仏印進駐の問題が中心だった。

〈アメリカは資源凍結前の状態に戻せ、それが実現すれば、日本はすみやかに、南部仏印から兵を北部に移駐させる〉、であった。

もう十一月二十日になっていた。この時季は、ワシントンは冬の寒さに近い。楓《かえで》の葉が落ちた空には、議事堂も、ワシントン記念塔も日本の両大使には、寒々とした姿にみえた。

この日はアメリカでは感謝祭で休日だったが、乙案を提示したい野村から、ぜひにと頼んで、両大使はハルの私邸をたずねた。このとき、野村が乙案を読みあげるのを聞くふりをしていたのは、すでにマジックで暗号解読してあったので、内容を知っていたためとみられる。

「まず、前段の〈アメリカは日支の和平に支障をきたすがごとき行動にでざるべし〉か。この文言からして気にいらないね」

と、ハルの反応は冷ややかだった。

「これをＯＫすればアメリカは降伏することになってしまう。米国は、日本がほしい量の石油を供給し、資産凍結を解除し、通商を回復し、蔣介石への援助を停止し……かね。それでいて日本は中国での軍事行動もつづけてよいし、ソ連を攻撃するのも自由であると。日中戦争が解決されるまで、北部仏印に駐兵できるというのも気にいらないな。南部仏印のサイゴンから北部仏印のハノイに移駐しても、一両日で、再び南下できてしまうではないか」

野村は大使館への帰り道、来栖に話しかけた。

「やっぱり、井川君が言ったように、天皇のお墨つきの親電をそえて、起死回生をはからないと無理ですな」

来栖も同調して、

「本当に戦争を避けたいなら、足を引っ張っているものを全部とりのぞかないと、米国は乗ってきませんよ。でも東条内閣は、そこまでやらんでしょう」

——もう戦争しかないのか——二人の大使は、もう黙っていた。

この日、日本海軍の機動部隊は、すでにそれぞれの母港を離れ、集結地の択捉島《えとろふとう》単冠湾《ひとかっぷわん》に集結を始めていた。いよいよ時間が迫っていた。

一九四一年十一月二十六日　ハル・ノート手交

覚書は最後通牒《つうちょう》なのか？

十一月も後半に入ると、首都ワシントンは日に日に寒さが厳しさを増していた。今に残る当時の報道写真をみると、このころ頻繁にホワイトハウスに向かう野村、来栖両大使、一歩先を歩くハル国務長官も、みんな分厚いコートを着込み、うつむき加減に歩いている。

彼らに従う同行者たちも気難しい顔ばかりで、笑顔がない。暗礁に乗りあげた最後の日米関係の舞台に登場した、双方の人間たちの心情を象徴するような光景である。

日本側が提出した乙案に対し、十一月二十六日、ハルから野村、来栖両大使に新たな暫定案が手交された。これが世にいう「ハル・ノート」であった。日本の海軍機動部隊が、単冠湾を抜描してハワイに向けて出撃した、二十四時間後のことであった。

日本では開戦の直接要因として、ハル・ノート悪人説がまかり通っているが、果たしてそうだったのか。ハルからよばれて、野村、来栖が国務省を訪ねると、

「これはわたしからの〈個人的覚えがき〉だからね。そのつもりで読んで、本国に伝えてくれたまえ。よい返事を待っているよ」

そう言ってわたされたのが、問題のメモランダム（覚書）であった。

急ぎ大使館に戻った両大使は、部下たちを集めて、開陳した。みんな食い入るように読んでいた。真っ先に発言したのは、来栖であった。

「まず冒頭に〈厳秘、一時的かつ拘束力ナシ〉と謳ってありますから、あくまで試案であって拘束力はない、と断っています。この覚書は二つの項目からなっていますが、一つ目は、〈政策についての相互宣言〉というものですね。現在ヨーロッパでドイツがまき起こしている、紛争の轍《てつ》をふまない道を選んで、日米が平和的手段で対処しようではないか、というのですから、いってみれば双方のスタンスの確認でしょう」

そのあとを、寺崎一等書記官が引き受けた。

「ポイントを四点言ってきていますが、次の第二項とかかわっているものもありますから、とり立てていうほどもない内容です」

ほかの者もうなずいていた。そのとき井川が、すっとんきょうな声をだした。

「オイオイ……この第二項は問題だな。へたをすると、日本政府が卒倒してしまいそうなことが書いてありますよ。ええと何なに？〈合衆国と日本国がとるべき措置〉ですか。細目は十点ほどありますが、大事なのは、
1）英・支・日・蘭・ソ・泰・米の間の多辺的不可侵条約の提案
2）支那、仏印からの即時無条件全面撤兵
3）三国同盟の死文化（事実上の破棄）
の三点ですね」

そこでこの三点にしぼって、鳩首協議《きゅうしゅ》が始まった。野村大使は、

「この第二項の1では、七ヵ国の不可侵条約締結を提案していることになるね。この中にオランダが入っているが、本国は目下、ドイツ占領下にあるから、蘭印のオランダ政府のことだね」

丸い眼鏡の向こうで、苦虫をかみつぶしたような表情の来栖は、

「蘭印の油に手をつけるな、というわけですから、〈今までどおり、米国からの輸入に頼るほかに道はないよ〉、という意味です。そのためには、〈まず日本軍が仏印から撤退すれば、米国が石油全面輸出禁止に踏み切る以前の状態に戻す〉ということですから、〈禁輸は解除するよ、つまり石油は今までどおり売りますよ〉、ということですね」

そこで井川は、問題なのはその次だと指摘した。

「2に謳ってあるのは仏印だけではなく、支那からも即時無条件全面撤兵しろ、ということです。確かに支那から撤兵すれば、アメリカの手を借りなくても蔣介石と和平を結ぶことができることになります。これによって、ソ連や中共の脅威に対して日本が壁になるから、これは米国にとっても大きな利点になると。問題は、陸軍が支那から即時全面撤退に応じるかどうかです。乙案にもあるように、支那からの撤退については、〈事変が解決すれば〉という条件つきですから」

そのとき横から寺崎が、意外なことを指摘した。

「東京では、〝支那からの即時全面撤退〟に、まさか満州が含まれている、とは解釈しないでしょうね」

即返答したのは、岩畔大佐だった。

「それはありませんよ。そもそも支那と満州はまったく別の国という前提で、満州国が建国されたわけですから」

そこで野村大使が、岩畔に加勢するように言った。

「ハル長官には、何度も確認をとってあるが、そのつど、〈満州は関係ない、問題ない〉という返事だったからね」

ワシントンでは昭和十六年四月十六日、『日米諒解案』がでた時点で、とくに日本側からの要望で、「満州国を承認する」が盛り込まれ、大統領も了承した事案であった。七項目の三つ目「支那事変に対する両国政府の関係」のなかの、(H)に謳われている「満州国の承認」がそれである。従来アメリカがとってきた〈黙認する〉を一歩進めて、〈承認する〉としてきたのである。諒解案の草案作りの段階から参画していたことでもあり、野村はその後も機会あるごとに、大統領とハル国務長官に念押ししてきた。その都度、〈満州は関係ない〉の返答が返ってきたことで、安心していたのだ。しかし問題なのは、そのあたりの経緯は、東京には伝わっていなかったことである。

このとき野村大使も来栖大使も、それ以上議論をつづけなかった。東京がどう解釈するかという、すべてのリスクを想定するという危機管理の基本が、この大切な場でないがしろにされてしまったのである。


では三国同盟の死文化について、日本大使館はどう受けとめたのだろうか。野村は、

「ごく最近の情報では、もうドイツには、快進撃の勢いはなくなり、今は劣勢に転じているそうだ。ロンドン市民も平静だと言ってきているからね。だから、三国同盟の意味はなくなった、という見方になっているようだ」

そこで岩畔大佐が野村にたずねた。

「だといいのですが、どこの情報ですか？」

「数日前、急ぎ帰国してきた駐英海軍武官（近藤泰一郎《たいいちろう》少将）がつぶさに調べてきた報告だそうだ」

これは事実であった。ハル・ノートがでてくるより先に、ドイツの劣勢を、日本海軍はわかっていたから、もう三国同盟のメリットは何もなくなっていたのだ。

井川の判断は、彼の性格そのままに、明快だった。

「しかも日ソ中立条約がありますから、ドイツから〈ソ連をハサミ撃ちにしろ〉と言われることだって、無意味なわけですよね。ということは、三国同盟の破棄宣言

をすれば済むことじゃないですか」

みんなの視線が、来栖大使に集まった。

ベルリンで同盟締結にサインしてきた、張本人の表情を読み取ろうとしていたのだ。

このとき、針のむしろに座らされた来栖は、うつむいたままだった。そこで野村が場を和らげようとして、話を締めくくった。

「とにかく、至急、ハルの覚書を、東京に送ろう」


自室に入った野村は、黙然と考えていた。

海軍の考え方を熟知している野村には、数日前から不可解な事があった。

ドイツの劣勢がわかったなら、なぜそれなりの対応をとらないのか。東条内閣で閣議をとおった訓電が毎日のように来ているのに、海軍は沈黙したままで、彼らの姿勢がまるでみえてこないのだ。これはもう引き返せないような、行動をひそかにとっているからだろうか。

海軍大将までやった野村には、軍人の心理が読める。山本五十六は世界最強の機動部隊を作りあげた。三国同盟と戦争に反対しながらも、その実力を一度は試してみたいという誘惑にかられる。そんな海軍軍人特有の心理が、読み取れるのだ。

ゼロ戦は、大陸の大空でアメリカ製の飛行機をバタバタと撃破した。中国側のパイロットの中には、アメリカ軍人がいたこともわかっている。

山本は、バクチ好きだからと言っては語弊があるが、大向こうをうならせるような行動をとらないともかぎらない。——早まったことをしてくれなければいいが。とにかく最近の海軍の沈黙は、不気味だ——。

日本国内の反応——分かれた解釈

十一月二十七日、ハル・ノートが東京に着到した。外務省の職員がすぐに首相官邸に、翻訳済みの文書を届けにきたが、あいにく赤松貞雄《さだお》秘書官（大佐）は外出していたので、直接東条にわたしていった。

半時ほどして戻った赤松が、副官の瀬島龍三の部屋に入ってくるなり、親指を立ててそっとたずねた。

「これはどんな表情だった？」

「読み終わった瞬間、東条総理はギュッと唇をかんで、しばらく無言でした。それからすぐ、やっぱりそうだったかと、呟《つぶや》いたようでしたが、すぐに、サバサバした表情に戻りましたよ」

「そうか。東条さんは腹がきまっていたからな。今ほかの連中にもあったが、みんな落ちついていたのは、よかった。ところで瀬島君はどうみた？」

「確かに正面からストレートに読むと、服従の引導をわたされたようにみえましたね。なんじゃこれはと。でも読み直してみると、そうでもないと」

「やっぱりそうか」

「よく考えてみると、何かはわかりませんが、第三者が介入しているのではないか、と思いますね。日米を戦わせたい誰かが、ワナを仕掛けてはいないだろうかと」

赤松は無言だった。それから一息つくと、

「東条さんはまっ正直で、思考がストレートだからなあ。裏を考えるのを嫌うひとなんだ」

瀬島はモスクワのワナではないか、とも考えたが、日本的な優秀さゆえか、その考えをすぐに打ち消してしまった。

首相東条は赤松秘書官と瀬島副官をあらためて執務室に呼ぶと、口を引き締めて切り出した。

「ついに米国は、仏印、支那から即時手を引けとまで言ってきた。これは到底こちらが受諾できないことを承知のうえで送り付けた最後通牒だよ。対日戦争を決意したということだな」

そう言ってから、気持ちを落ち着かせようとしたのか、タバコに火をつけた。

だがこの時点では、まだ満州が支那に含まれているか否かなど、東条だけでなく、統帥を担う参謀本部も軍令部も、さらに外務省さえ考えていなかったのである。

時間的には後のことになるが、瀬島龍三はこう言っていた。

「そもそも日米交渉が土壇場の時を迎えるまで、〈支那に満州が含まれているかどうか〉なんて、議論されたことなんかありませんでした。満州国の建国は確乎たる既成事実だったし、今さら米国が満州国政府の否認や関東軍の撤退を要求してくるはずはないと。実際ハル・ノートが届いてからも数日間は、その問題は話題にならず、支那と仏印からの即時全面撤退や汪兆銘の国民政府の否認とか三国同盟の破棄を要求してきたことが、大問題だったのです。それも諒解案の経緯なんか全く無視したもので、高圧的でとりつく島もないものでした」

そこで、ほかの関係者たちの反応はどうだったのかとなると、事態が一変したのは、十二月一日の御前会議で原（嘉道）枢密院議長の発言があった時だった。

「『日米諒解案』がでてきた段階では、日米両国は対支那との関係において、互いに〈内政不干渉〉というのがアメリカ側の提案だったはずです。しかるに今般の覚書（ハル・ノート）では、〈（蔣介石の）重慶政府を唯一の政権と認め、分裂政府である南京の汪兆銘政権を認めず〉と言ってきていることからして、日米諒解案の内容がひっくり返っています。ですから、〈満州も支那に含まれている〉と言いだす可能性があります」

この発言は衝撃的で、出席者の多くは色を失ったということである。〈満州は支那の一部なり〉を国際連盟に提訴した張本人が蔣介石であることを知っている原枢密院議長は、蔣介石の重慶政府が支那唯一の政権である、とアメリカが主張してきたことと合わせて、最悪の事態を危惧したのだ。

この日、御前会議の後の大本営政府連絡会議で、東条は怒りを露わにした。

「満州からの撤退にいたっては論外だ。支那本土からの全面撤退にしても、撤兵は退却を意味する。駐兵は汪兆銘の南京政府との約束でもあります。しかもこちらは百万の大兵を出して、十数万の戦死者とその遺家族、負傷者をかかえ、四年間の忍苦と数百億の国幣《こくへい》を費してきた。陛下や国民に対してどう申し訳けが立つというのか。それだけではない。まかり間違って支那や満州から手を引けば、朝鮮や台湾の統治にまで波及するのは明らかです。ま、これで迷いも吹っ切れたというものです」

と言って、最後は表情を緩めた。

海軍機動部隊がハワイに向かっていることを知った段階で東条は、矢は弦を離れたと覚悟していたことは間違いない。そこが軍人宰相の割り切り方でもあるのだが、〈支那に満州が含まれているか否か〉の解釈論などあっさりと捨ててしまっている。むしろ〈満州からの撤退まで要求してきた米国〉として、戦意高揚の糧に切り替えていたとみられる。

日米外交を担う東京の外務省の空気はどうだったのか。省内の主流派はドイツ寄りだが、政務局の北米担当者も含めて多くは、〈支那に満州が含まれているか否か〉は、ハルの覚書を読んだかぎりでは、どちらともとれなくはないが、流れからみれば〈含まれる〉だろうだった。

「従来よりわが国の対支那問題に対して、米国に口出しさせてきたことが間違っていたのだ。それがここにきて満州まで口出しする事態になってきた。ハル・ノート全体をみても、事態は絶望的だよ」という者までいた。

杉山参謀総長にいたっては、海軍のハワイ作戦に合わせたマレー・シンガポール作戦の先駆けとなる陸軍部隊をすでに南シナ海の海南島に進め、開戦の合図を待っていた。

「いまさら米国が何を言ってきても関係ない。戦機は今だよ」と言った。

杉山は参謀本部ではロボット的存在で、部内の中堅将校や若手から、〈ドア〉という渾名をもらっていた。〈押せば引く〉という意味であるから、先の発言は、参謀本部主流派の意見とみて差し支えない。

杉山とともに統帥の一翼を担う海軍軍令部総長の永野修身は、二日後の大本営政府連絡会議で、東郷外相とこんなやり取りをした。

「戦争に勝てるような外交をやれと言われるが外交をやれる時間の余裕はあるのかね」

と東郷が尋ねると、永野は、「まだ余裕はある」と答えた。

すでに機動部隊がハワイに向かっていることを東郷は知らなかったが、何かが起きようとしていることを察した。

「では開戦日を教えてほしい。知らなければ外交はできないからね」

「八日だ。まだ時間はあるから、戦に勝てるような都合のよい外交をやってくれ」

と、永野は注文をつけた。まだ外国交渉を継続するゼスチャーを先方に送れという要求であった。

軍需産業の要、岸商工大臣ほかの反応

各方面をまわっていた政界フィクサーの矢次一夫《かずお》が、商工大臣の部屋に入ってきた。

「岸さん。今度のハル覚書には、凍りついてしまった人間が多いですね。なかには少数派ですが〈まだ交渉の余地はある〉〈この覚書は受け容《う》れ《い》てもいいのではないか〉と言っている者もいます。しかしおおかたの軍人たちは、〈万事休す。あとは死力を尽くすまでだ〉と腹をくくっているようです。〈戦の相手に不足はない〉〈アメリカ何するものぞ〉と、息まいているのもいますがね」

矢次がそう報告すると、岸大臣は、初めて口を開いた。

「内閣としても来栖特使を渡米させて、何とか努力したのに、ハル・ノートはショックだな。文官のボクとしては、あれこれいう立場にないし、閣議の空気も、外交は外務省、軍事は軍に任すしかない。ここまできたら、ご聖断を待つしかないところまできているんだ」

岸信介は、自分の手足として矢次を使って情報を集めているが、彼に本心はみせなかった。それでも岸が何を考えているのか、矢次にもわかった。——岸さんは戦争が終わった後のことを考えている。自分がトップに立って、指揮をとる。つまり総理大臣だ——。

ハル・ノートに息を飲んだ日本の指導者の多くは、〈米国は支那に満州を含めているのかもしれない〉、と考えてしまった。〈かもしれない〉は、〈多分そうだろう〉となり、ついには〈いや、絶対にそうだ〉となってしまった。追い詰められた短絡的単純思考の人間たちにありがちな思い込みの心理である。

だが外交専門家には、そうは受けとっていない人間がいた。

その一人有田八郎元外相が、現外相の東郷茂徳《しげのり》を外相官邸に訪ねてきた。

「みんな騒いでいるが、よく読めば、必ずしも受け容れられなくはないではないか。石原莞爾も、〈ここは一時アメリカに妥協して、肉を切らせて骨を断つことを考えろ〉と言っているらしい。それはともかく、外交にラスト・ワードはないのだから、まだ交渉の余地はあるさ。ここはいっとき米国の顔を立てておけば、好ましい事態が生まれると思うけどね」

「そうそう、それなんですよ。外国の報道なんか傍受していると、ドイツの劣勢がかなり明らかになってきていますからね。わたしの読みでは、三年もすればドイツが敗北して、そのあとは、米ソ冷戦時代が到来する……なんですがね」

「東郷君。だったらなぜ説得しないんだ。君は東条内閣の外相だろう」

「説得していますよ。でもこれ以上言ったら、殺されます……」

ハル・ノートで説得するグルー大使

秋は一日が短い。とりわけ昭和十六年の十一月は、いつもよりも足早にかけ抜けてゆき、もうすぐ師走を迎えようとしていたこの日。赤レンガの古めかしい霞ヶ関の東京倶楽部《クラブ》（現在の霞ヶ関ビルの敷地《しきち》内にあった）の車寄せに、アメリカ大使館の黒い公用車がすべり込むと、先に降りた部下たちに囲まれながら、長身のジョセフ・グルー大使が中に消えていった。大使を無事送り届けた警護の大使館員たちは、すぐに戻ってくると、駐車場の車の中で待機することになった。

駐日アメリカ大使に、こんな警備体制が布《し》かれたのは半年ほど前からであった。大使館の執事船山貞吉が、そっとグルーにささやいたことがあった。

「東京憲兵隊麴町《こうじまち》分隊の憲兵や、赤坂警察署の私服刑事たちが、大使館周辺に二十四時間体制で目を光らせていますが、いつ送り狼《おくりおおかみ》やスパイに変身するかわかりませんよ」

滞日十年に及ぶ無類の親日家グルー大使だったが、

「わかっているよ。わたしは憲兵隊や警察を、まったく信用していないからね」

おまけに電話は盗聴されているはずだし、大使館に出入りしている日本人には、尾行がつくようになっていた。そこで、グルーが日本人と安心して会えるのは、霞ヶ関の東京倶楽部しかなかった。

この日の夕刻、グルーが館内のロビーに入っていくと、親しい吉田茂が姿をみせていなかった。いつもなら話の前に、ビリヤードで大使に挑戦してくる吉田は、腕前はたいしたことがないのに負けず嫌いで「ワン・モア・ゲーム」と言ってくる。

いつもよくみかけた人物でいえば、ドイツ大使館政治顧問のリヒャルト・ゾルゲの姿を、最近みかけることがなくなっていた。一ヵ月半近く前の十月十八日早暁、部下でアヴァス社（後のＡＦＰ通信）の記者に偽装していたブランコ・ド・ブケリッチ（旧ユーゴ出身）、モスクワの赤軍無線学校で特殊訓練を受けたドイツ人通信士マックス・クラウゼンらと共に、スパイ容疑で警視庁外事課の特高警察に逮捕されていたからである。尾崎秀実は彼らより三日前に、目黒署の特高係に、身柄を拘束されていた。そんな情報は、いち早くアメリカ大使館は把握していたものの、グルー大使は、無関心を装っていた。

見なれた人間たちと会釈してやりすごしたグルーは、お目当ての日本人をやっと探しあてた。樺山愛輔《かばやまあいすけ》伯爵は、ロビーの奥の片隅で、テーブルに片ひじをついて浮かぬ顔をしている。

「カバヤマさん、どうしました？」

隣の席に座ったグルーに向かって、樺山は力のないため息をついた。

「国務省から示された覚書には落胆したよ。これで万事休すだ……」

「カバヤマさん、ちょっと待ってください。わたしが説明しますから」

「これはわたしだけの見解ではない。外務省が失望しているのはもちろんだが、陸下もことのほかご心痛あそばされている……。英国のクレーギー大使でさえ、外務省の加瀬君（アメリカ局第一課長加瀬俊一）に、〈言語道断の覚書だ。日本人の心理を理解していないにもほどがある〉と、怒っていたそうだ」

小柄で痩身の樺山は小さな肩をがっくり落としそこまで言うのがやっとだった。

そこでグルーは樺山を見すえると、熱っぽく語りだした。

「いいですか。まずこの覚書は、最後通牒とかという性格のものではありません。米国の提案の趣旨は、武力で蘭印から石油を獲得しなくても、わが国から今までどおり自由に石油も鉄も手に入るというシグナルですよ。それから、チャイナから撤退すれば蔣介石と和平が成立する。蔣政権が安泰ならば、日本にとってはソ連の防波堤になってくれますから、日本は戦わずして、欲するものはすべて得られることになるのです。戦争に訴えて得ようとするモノを、外交で得られると言っているのです」

「…………」

そうなのか——そう思いながらも、樺山は無言のままだった。

ハル・ノートのあとのワシントン

ハル・ノートを手交された翌日二十七日の午後二時半、「友人同士にラスト・ワードはないからね」とローズヴェルトが言った言葉を頼りに、野村は来栖を伴ってホワイトハウスに大統領を訪ねた。

ローズヴェルトは野村に向かいゆったりとした表情で言った。

「現在の日本には、まだ平和を望んで尽力している人がいることは、うれしいかぎりだ。米国民もこの点ではまったく同じだよ。だからわたしは今でも望みをすてていないんだ」

野村には、〈日本で平和を望んでいるひと〉とは、天皇のことをさしていると思われた。

「今回示された米国からの提案は、日本を失望させることになると思うが」

と、野村は返した。すると大統領は、

「事態がここまできたことにはわたしも失望している。南部仏印進駐で冷水を浴びせられたからね。二回目の冷水はごめんだよ」

　別れぎわ大統領は、こうも言った。

「東京から、一時しのぎの提案があってもムダだからね」

「東京からはまだこの件（ハル・ノート）で回答はないが、わたしとしては、三十年にわたる友情をはぐくんできた大統領にたいする敬意の気持ちは、いささかも変わっていません。大いに政治手腕を発揮して、何らかの打開策を見いだしてくれることを期待しています」

　と野村は言うと、大統領も応えた。

「来週水曜日（十二月三日）にはワシントンに戻っているからまた会いたいが、それまでに打開策に結びつく新事態が発生すればいいのだがね」

　このとき同席していたハルに対して野村は、

「長官から昨日わたされた書簡は、合衆国政府の最終案ではないですね」

　と念をおすと、ハルからは、

「It's a plan」（一つの案だ）と、そっけない返事が返ってきた。

　野村と来栖は大使館に戻ると、

「時局緊迫せる状況につき、米国首脳の最も信頼の厚いウォーレス、ホプキンス、日本側から近衛公か石井子爵（菊次郎、老年の外交官）によるホノルル会談を、政府は至急検討されたい」

と電報を打った。いちるの望みがある以上は、最後まで交渉を継続する気でいた。だが東京からきた返信は、〈日本側から申しでることは、適当にあらず〉であった。

帰り道、来栖が野村に小声で話しかけた。

「東条内閣は、外交をあきらめましたね。ということは、軍事行動に出る可能性が大ですね」

野村は深くため息をついてから、

「海軍がすでに行動を起こしているようだ……」

その後二人は、沈黙したままだった。

大使館に戻ると、外務省から電報がきていた。

〈東部時間、七日の午後一時三十分、ハル長官に手交されたし〉とあり、内容は交渉を打ち切る最後通牒であった。

だがその日の夕刻、再度電報が届き、〈手交時間を一時ちょうどに変更。時間を厳守されたし〉と指示してきた。海軍側が三十分、短縮を要求したためだった。

来栖が、「軍事行動開始に合わせた、手交時間の変更でしょうか」

と、野村の顔を不安げに見つめた。

「そうでしょう」

野村はそれしか言わなかったが、

——三十分の短縮と手交時間へのこだわりは、これはどこかを奇襲攻撃するという意味だ——。

確信をもった野村は、暗然とした心持ちで自室に戻っていった。

切られた開戦の火蓋

アメリカでは十二月六日となった。

ホノルル総領事館に身分を隠して潜入していた森村正は、軍令部宛てに最後の無電を発信した。

発　ホノルル

宛　東京
十二・六

一、六日午前真珠湾在泊艦艇左の通り
戦艦八隻　二列にA地区に繋留《けいりゆう》
空母二隻　B地区
重巡十隻　C地区錨泊
軽巡三隻　駆逐艦十隻　C地区
その他に軽巡四、入渠中《にゆうきよちゆう》
二、艦隊には異常の空気認められず、
臨戦準備態勢にあらず
阻塞気球なし

　この日は土曜日であった。夕方までには母港に帰り、翌日には将兵は街に繰りだして休養するのが通例であった。

明日が奇襲を狙うには絶好のチャンスなのだが、と森村は期待していた。だが無情にもこの日の夕刻、二隻の空母はでて行ってしまい、愕然《がくぜん》とした。

翌朝、森村はホノルル総領事館の宿舎で、日曜日の朝の心地よい眠りをむさぼっていると、ズシン、ズシンという地震のような揺れで目が覚めた。壁にかけてある絵画も床に落ちた。

急いでベランダにでてみると、湾口の方角から幾筋もの黒煙があがっていた。日の丸のマークをつけた飛行機が盛んに飛び交っている。

「戦争が始まったのだ！」

すぐに、隣の宿舎の喜多総領事から電話が入った。

「森村君、ついに始まったよ。とうとうやったね。君は暗号書やメモをすぐに全部焼却してくれたまえ」

「了解しました」

と言ってから、しばらく森村正は、自分がかかわった眼下の光景を、不思議な心持ちで眺めていた。

開戦の日のワシントン

十二月七日、ワシントンの朝が明けた。

午後一時ちょうどに、日本側の交渉を打ち切る最後通牒を、ハル長官に手交する手はずになっていた。

日曜日であるから、大使館員はむろん来ない。それでも前夜から居残っている上席の大使館員だけが、せわしなく動いていた。彼らは東京からの暗号電を解読が終わったページから、タイプライターでの打ち込み作業に追われていたが、一文字一文字ポツリポツリの不慣れな打ち込みはもどかしい。最大級の機密事項であるから、専門のタイピストは使うことができなかったのだ。

そこで彼らの作業と壁の時計の双方を睨みながらみていた野村大使は、国務省に電話を入れることにした。

「日本大使の野村です。約束の時間は一時でしたが、一時間おくれますので、長官によろしくお伝えください」

電話に出たハル長官の秘書官にそう伝えた野村が、来栖を伴って国務省についたときは、すでに二時になっていた。

「長官はただいま電話にでていますので、ここでお待ちください」

と秘書官に告げられ、二人は二十分待たされた。

ようやく秘書官から、「どうぞお入りください」と促され、長官執務室に入ると、立ち上がったハルが、こちらににじり寄ってきた。赤鬼のような顔付きであった。

真珠湾攻撃が始まった一報が海軍長官から入り、ハルは対応におわれていたのだ。

何かが起きていることは察知していたが、詳細な状況を知らない野村は、

「一時間おくれましたが、本国からきた通知を届けにあがりました」

と言って、最後通牒を手交すると、ハルはブルブルふるえる手で流し読みしていた。

それからキッと二人を見すえると、

「わたしが公職にあった間、このような欺瞞《ぎまん》に満ちた書簡に接したことがない……」と言って、出ていくようにと、あごをしゃくった。

野村も来栖も、無言のまま退出するほかはなかった。

握手を交わすこともない、冷たい別れであった。国務省をあとにしたとき、野村が、

「これですべては終わったね」と言葉をかけたが、来栖は黙したままだった。

確かに日米外交は実を結ぶことなく、すべてが終わった。あとには三年八ヵ月に及ぶ不毛な戦が待っていただけである。
真珠湾攻撃は日米外交の終焉《しゅうえん》と開戦の合図となった花火だったのか。それにしても山本五十六がやりそうな、ド派手な仕掛け花火だった。

今ごろ日本では津々浦々で提灯《ちょうちん》行列の波が湧き起こり、バンザーイ、バンザーイのお祭り騒ぎのはずだった。
一方ワシントンでは、野村たちが大使館に戻る車中のラジオでも、盛んに、〈パール・ハーバーが日本軍機によって奇襲されました。これはわが国の軍事演習ではありません。東部時間の今夕七時、ローズヴェルト大統領の重大放送がありますから、国民等しく聞き逃しのないように願います〉
という、臨時ニュースを繰り返し伝えていた。
野村も来栖も目を閉じて、ただ黙したまま聞いていた。

エピローグ

ハル・ノートに仕組まれた功名なるワナ

開戦前夜、日本の運命を変えたハル・ノートの案文を起草したハリー・ホワイト財務次官補。両親がリトアニア系ユダヤ人の子として一八九二年にボストンに生まれ、ハーバード大学大学院で学んだあと、財務省では財政の専門家として重用されていた。

ところが、諜報《ちょうほう》活動を専門にするモスクワの赤軍第四本部の協力者であるばかりか、コミンテルンに登録されていた正式会員であり、合衆国政府の機密文書をクレムリンに流していた事実が、第二次大戦後、米ソ冷戦時代の中で浮上し、いわゆる赤狩りで判明したのである。共産党員やスパイが、ローズヴェルト政権の重要ポストにいただけでなく、ハル・ノートの草案作りにもかかわっていた真相は、われわれ日本人にはやはり穏やかであろうはずがない。

しかもハリー・ホワイトは、合衆国下院の非米活動調査委員会に喚問されると、その直後に怪死していたことも、アメリカの闇の深さを物語っている。国家の破壊活動を調査していたＦＢＩの手にかかったのか、在米のソ連諜報機関かその協力者の口封じに遭ったのか。それとも追い詰められ、退路を断たれてみずから命を絶ったのか。謎は謎を呼んだまま歴史の中に埋没していたが、日米開戦前夜の謎解きにはけっして無視できない、ジグソーパズルの大事なピースの一つだ。

　このようなアメリカを取り巻く世界の視線、中でも虎視眈々《こしたんたん》と世界共産主義革命の達成を目論《もくろ》むコミンテルンの対米監視体制と、東京の足元にも及んでいた不気味な動きを、日本は全く察知できなかった。

　各国の諜報戦が水面下でひそかに進んでいた大戦前当時、強敵に向けたコミンテルンと赤軍の指揮による諜報活動は、いっそう、活発化していた。

　ハリー・ホワイトのような米国高官が、何ゆえクレムリンの協力者になったのかであるが、彼のようなマイノリティー・グループの人間は差別されているから、何かきっかけがあれば容易に利用されやすい。アメリカ国内の赤い組織に引き込まれた格好だ。ゾルゲ事件に連座した宮城与徳や鬼頭銀一らも、同じくモスクワの指示で日本に送りこまれた在米日系人であった。

　日本を開戦に追い込んだとされるハル・ノートには、いったい、どんな仕掛けがしてあったのか。日本指導部を文書誤読に追い込むための仕掛けがあったとしても、ハリー・ホワイトに日本人の思考方法がわかるはずはない。誰かホワイトの協力者Xがいたはずだ。在米中に学友だったドン・ホイットフィールド（アメリカ近現代史専門のニューヨーク大学教授）に問い合わせると、

「その問題にはハーバード大学出身者のグループと、直接モスクワの諜報機関から送りこまれた人間とその協力者のグループがあるから」と、二人の人物を紹介された。

一人はエリー・ゴールドバーグというユダヤ系の中年アメリカ人女性で、今はボストンに住んでいるが、ハーバードとは関係がなく、コロンビア大学で日本文学を教えていたドナルド・キーンの教え子であった。日本文化の研究がテーマであるから、ライシャワー教授とも面識があり、彼が所長をしていたハーバード大学内の燕《イエン》京《チン》研究所を直接当たったらどうかと、彼女が言っているということだった。

ホワイトの出自を洗っていけば、彼の協力者Xにたどり着けるはずだが、それはハーバード大学で学んで、日本にいた経験がある人間の可能性が強い。

紹介されたゴールドバーグ女史といっしょにハーバード大学のキャンパスのはずれから、道路を横切ったところにある燕京研究所を訪ねることにした。

「ライシャワー先生は日本大使を退いたあと、この研究所の名誉顧問をしているから、ハリー・ホワイトのことで何か手がかりが得られるのでは」という彼女の助言に従ったのだが、あいにく先生はヨーロッパに出張中であった。

後事をゴールドバーグ女史に託して、大学キャンパスの中のホートゥン・ライブラリーに向かった。ここには駐日大使を十年間務め、東京で開戦を迎えたジョセフ・グルーの遺族が寄贈した、ほとんどの資料が保存されていた。この資料館でグルーが東京からワシントンの国務省に送っていた報告書や電報の類いに目を通しているうちに、気になる記述が目にとまった。

〈日本人はどんな貧しいたたずまいや食事にも耐え、努力をおしまない。その一方で、直情的に物事を捉える性癖がある。物の見方は直線的で、裏をみることを好まない〉〈日本では軍が主導権を握っているうえ、軍人の思考方法は単純明快であり、いざとなれば最後の一兵まで戦う〉

日本人をよく知るゴールドバーグ女史の意見を聞いてみた。

「日本人は、合衆国の謀略にかかりやすいという意味にもとれる記述です。でもグルー大使は、さすがに当を得た言いかたをしていますね。まさかあの大使が謀略にかかわっていたとは思えないけど。〈日本人はプライドが高く、自分たちを特殊な人種であると思い込んでいる〉、とありますが、その思考方法はかえってつけ込みやすい、と言っているのと同じではないですか」

グルーの個人覚書には、エリス・ザカリアスという、米海軍の情報将校が、赤坂のアメリカ大使館に、しばしば出いりしていることをうかがわせる記述もあった。ザカリアスといえば〈ヘブライ語でユダヤ教の聖人の名であり、それが苗字になっているから、ユダヤ系アメリカ人に違いない。

彼には東京のアメリカ大使館は木戸御免であるから、グルー大使としばしば接していたことが、グルーの日記にも書かれているが、会話の内容まではわからない。情報の中でも機密性の高いものは、書きとめないのが鉄則である。ザカリアスは日米開戦後、米海軍情報部次長の職にあったことがわかっているから、それまでのキャリアが買われたことになる。ザカリアスは開戦前から情報将校であり、東京にいた期間も長いから、その間にモスクワの諜報機関が接触してきた可能性がある。

日本に帰るとまもなく、ボストンのゴールドバーグ女史から手紙がきた。

「昨日、ライシャワー先生とお会いしました。ハリー・ホワイトのことは覚えているけど、なにしろ開戦前のことだから、会話の中身は思いだせないそうです。ところがホワイトと会う数ヵ月前に、先生の研究室を訪ねてきた北欧訛《なま》りの英語を話す、背が高くて青白い顔の男がいたそうです。ホワイト以上に日本人の心理分析に異常な興味があったようで、政治利用とか軍用に供したいという魂胆がみえたので、深くは話さなかったそうです。先生は純粋な歴史学者ですからね。先生を訪ねてきたこの青白い男が、あなたのいうミスターXではないかしら。先生の印象では、X氏もホワイト氏も、戦後の占領政策をも研究しておきたいようにみえたそうです。実際、先生は国務省に呼ばれて、日本関係の担当者から、天皇観、宗教観、教育問題など日本人の特質をいろいろ質問されています」

アメリカは開戦前から日本の占領政策を研究していた。ハリー・ホワイトの進言する内容にはスターリンの意向が重きをなしていたに違いない。ミスターXの国籍、彼にスターリンのどんな指示が伝えられていたのか、まもなく概略がみえてきた。

ホイットフィールドが紹介してくれたもう一人は、ジョージ橋本という、日系二世のジャーナリストだった。

「ハシモトは諜報関係に詳しい辣腕記者として、メディアの世界では有名。特にマッカーシズム・赤狩りで、血祭りにあげられた人間たちのことをよく調べていた」

会ってみると気さくな人で、すぐに橋本はこう明言した。

「ローズヴェルト政権を裏で操っていたのはクレムリン。日本落としの首魁《しゅかい》はスターリンですよ。ハリー・ホワイト次官補の背後にいるクレムリンとしては、早晩日米戦が実現してほしいわけです。それと併行して、日中相撃つのままの状態が望ましいのだけど、蔣介石国民党が日本に勝利しても、いずれ中共に食われる可能性がある。かといって、ソ連が中共に肩入れしすぎると、米ソ対立、悪くすると米ソ戦を覚悟しなければならなくなるわけです」

日米交渉においては、〈日本人の言葉より、彼らの行動で判断をすべきです〉というう、ハルからローズヴェルトへの進言が、大統領の変心を助長したのではないだろうか。

「ハルはハルなりに、戦争回避の方向へ努力してきたけど、近衛と松岡、日本軍の行動をまったく信用していなかったですね。では大統領はどうかといえば、太平洋、大西洋の二面作戦をとる余裕はまだなく、戦備を急いで時間稼ぎしなければならないという、事情もあったしね」

時間稼ぎといっても、大統領の世界戦略は、違うところにあったのではないか。

いずれはヨーロッパ戦線にでていかなければならない。暴れ馬の日本をできるかぎりうまくあしらっておくほかはない。後々の世界戦略を考えれば、できれば日本を米側陣営にいれておきたい。日本がドイツと手を切って、アメリカ陣営に立つか、悪くても中立の位置にいれば、将来的には共産主義陣営との壁となる。

「合衆国政府の極東政策で最大のミスは、日本とチャイナを和解させられなかったことですね。中共のワナにはまった日本も蔣介石もうかつだったけど。せめて日米首脳会談を急いだほうが得策なのに、やれ三国同盟だ、南部仏印進駐だと、アメリカ側は最後までもちだして結局会談をけってしまった。あれは大きな失態です」

モスクワのインテリジェンスを追跡してきた橋本はこう語る。

「ホワイト次官補を追っているうちに、モスクワの司令塔は、共産党本部直属の赤軍第四本部だとわかったのですが、諜報活動を専門にしている部署の創設者である、ベルジンという男が指令塔でした。その部署はコミンテルンとリンクしていて、おもに一本釣りで引きぬいてきた外国人をその部署で訓練して、政治の中心地のワシントンにスパイとして送りこんでいたのです。しかし彼らは、アメリカ共産党員を取り込んで裏で操作するのを常套《じょうとう》手段にしていて、直接は政治家に接触しないことになっています。モスクワの腕きき工作員は、ユダヤ系やイタリア系のアメリカ共産党員を使って、ホワイトハウスの関係者たちを狙い撃ちするんですよ。カネやオンナで取り込むだけでなく、ハリー・ホワイトの場合のように、まず一族に近づいて、徐々に本人に……。

日本での彼らのスパイ活動のルートと比較しておくと、まず情報の中心地はどこかといえば上海です。各国の秘密工作員も暗躍していましたが、そこにはオムス（ＯＭＳ）というコミンテルンの国際連絡部があって、ここからすでに東京に入っていたゾルゲに指令がいく。それに対応して東京で集めた情報が上海にゆき、さらにモスクワに飛ぶのが基本的なルートです。モスクワと上海の間にはコミンテルンの連絡員が往復していて、彼らがモスクワからカネと新たな指令を運んでくると、東京や広く極東の情報をもち帰っていました」

ではアメリカとモスクワのルートはどうなっていたのか。

「日本と違ってアメリカには大きな人種的受け皿がある。移民の国だし、カネは全米ユダヤ人協会が莫大な資金をもっているから、コミンテルンの財政を支えていたのも、彼らです。それから、在米の国際連絡部オムスが、アメリカ中の共産党支部に指示をだしていたのですが、元をたどっていくと、赤軍第四本部のベルジンに行き着くわけですよ。つまりハリー・ホワイト次官補の司令塔は、スターリンの意をうけたベルジンということになります」

その両者の間にもう一人の男がいて、本当の仕掛け人、ミスターXだったのではないだろうか。

「当時はフィンランド人で、アイモ・コルホネンという名がFBIの捜査線上に浮かんでいました。青白くてほっそりした、目つきの鋭い男で、彼らの間では〝北欧の銀ギツネ〟と呼んでいたそうです。でもその男は、FBIが泳がせている間に、姿を消してしまった。協力する地下組織があるから、モスクワに戻ったはずと、FBIはみていましたが、ドジな話ですよ」

ミスターXの正体

ボストンから、ゴールドバーグ女史によって、ミスターXに関わる新情報が伝えられた。

「ライシャワー先生の記憶では、Xは北欧訛りの英語を話したそうですが、そのあと、先生の助手が学内の記録を調べていてくれました。それによると、ハーバード大学に半年間在籍した記録がありました。そのとき使っていた名前はアイモ・コルホネン、国籍はフィンランド、当時の年齢は三十歳。細くて背の高い、目つきのきつい神経質そうな男だそうです。モスクワで諜報活動の訓練を受けた北欧人は多いのですが、アメリカに入国したときのパスポートでも、その表記です」

　橋本が追っていたアイモ・コルホネンは、ハーバード大学に足跡を残していた。

ニューヨークのジョージ橋本に電話をかけ、助言を仰いだ。

「彼はボストンでハーバード大学の出身者と接触してから、政府の中枢機関が集まるワシントンに潜入したことになります。そこでハーバードを出たハリー・ホワイト次官補と接触して、モスクワの指令を伝えたはずです。その内容は、〈日米を戦うように仕向けろ〉以外にありません。ホワイトの上司はモーゲンソー財務長官ですが、この財務長官は、ハル国務長官と入魂《じっこん》の仲で、日米交渉ではハルを根底から支えていた人物です。コミンテルンの正会員であり、モスクワとつながっているホワイトとしては、ミスターXことコルホネンから伝えられた、モスクワからの〈日本を潰せ〉の指令を実行するチャンスとばかり、モーゲンソーを説得したはずです」

　それが日本を窮地に追い込んだ経済封鎖だった。

「在米日本資産の凍結とか、石油全面禁輸を日本に仕掛けたのは、表向きにはハル国務長官が主張して大統領が了承したことになっていますが、陰で策動したのはコルホネン→ホワイト→モーゲンソーという図式になります」

〈経済封鎖をすると日本が暴発する可能性がある〉と、東京のグルー大使が必死に説得したこともあって、ハル長官、大統領は乗り気ではなかった。それでもモーゲンソーらの強硬な主張が通って、経済封鎖に踏み切ったのだった。

「その流れで、モーゲンソー財務長官と、次官補のハリー・ホワイトが、日米交渉の筋書きをも作ることになります」

ジョージ橋本が言った最後の言葉が印象的だった。

「そもそも戦争か和平かの根底にあるのは、最も現実的な経済ですからね」

ハル・ノートと開戦にいたった背景には、いくつかのミステリアスな話がつまっている。これらはまだ氷山の一角にすぎないのである。


日米戦争にいたる過程でみせた日本人のシンプルな思考構造に対してアメリカがハル・ノートに仕掛けた作為。親米派の大物外交官が皆無なうえに、政治の主導権をもった陸軍軍人の中に、アメリカを知る人間が一人もいなかったという体たらく。東条英機に代表されるように、アメリカの底力をまったく知らず、ドイツに義理立てする人間ばかりで、アメリカとの対立構造の深刻化にまったく無神経だった。

ハル・ノートは、日本が〈万事休すだ〉と勘違いするような過激な内容の第一案と、修正された第二案を少し間をおいてから手渡すことになっていた。

アメリカ人の歴史家にも意見を聞いておきたかった。ドン・ホイットフィールドに聞いてみると、予想どおりの返答が返ってきた。

「第一案の内容に日本人は驚愕《きょうがく》するだろうが、一つの提案にすぎない、と謳《うた》ってあるから、逃げの手が打ってあったわけだ。しかし目がクラクラしている日本人には、〈二つの提案〉であることが目に入らず、〈それがすべて〉と解釈する、と期待したわけさ。この第一案に日本が食いついてきて、アメリカのどこか、西海岸の軍港サンディエゴは無理にしても、ハワイか、フィリピンでも、日本がドカンとやってくれればしめたもの。フィリピンのマニラ湾は、軍事施設なんかたいしたものはないし、米陸軍のコレヒドール要塞にいたっては、日本陸軍の一個師団でも差しむければ片がつく。となると太平洋艦隊の主力が集結しているハワイだ」

Ｃｈｉｎａに満州は含まれていたか

ワシントン郊外のメリーランド大学内にある、国立公文書館の分館。日本関係の公文書は、首都ワシントンの本館ではなく、この分館に収められている。ハル・ノートの第一案にある、〈支那、仏印からの無条件即時完全撤兵〉の〈チャイナ〉に〈満州〉が含まれているか否かの、手がかりになる資料を探す。

手がかりは意外なところで見つかった。アメリカの諜報部員が、満ソ国境付近で得た情報を、国務省に送ったＭＩＤ（米陸軍情報局）のファイルの中に、目をクギづけにされる記述があったのだ。

ニューヨークのドン・ホイットフィールドに電話で報告した。

「一九三九年（昭和十四）五月に、満ソ国境付近で起きた、ノモンハン事件の情報をまとめた国務省の文書が見つかった。〈(日本軍が）ソ連軍を国境線の向こうへ押しもどすことに失敗すれば、Manchuria と China との双方に対して、影響力をもてるという印象をソ連がいだく恐れがある。したがって日本としては、とうてい容認できないはずである〉とある。ほかにもManchukuoないしはManchuriaが、Chinaと明確に区別されて記述されている箇所が二十一ヵ所もあった」

だがドンは、意外なほど冷静だった。

「われわれ歴史をやっている人間は、ManchukuoないしはManchuriaとChinaは使い分けている。ちなみにアメリカでは、Manchuriaは地域的概念である〝満州〟の英訳だし、Manchukuoは国家的概念である満州国のことだから、countryとnationの違いだ。つまり、いずれにしても国務省は実質的に満州国を認めていたことになるわけだよ。これが、ハルも大統領も言っていた、〈米国は満州国を黙認する〉の実態といえるわけで、ハル・ノートのChinaには、満州は含まれていなかったことを示している」

ハーバード大学ホートゥン・ライブラリーに保存されている、ジョセフ・グルーの個人覚書にも外交文書にも、満州はManchuriaまたはManchukuoと記載され、Chinaとは明確に区別されていた。

「日本側は、〈米国は支那に満州を含めている〉と読み誤って、満州を今さら放棄できるか、となって打ってでてしまった」

ドン・ホイットフィールドは、「Japan made his own story（日本は勝手な解釈をしたんだ）」と、言って笑った。

モスクワの赤軍第四本部がフィンランド人のアイモ・コルホネンを謀略の手先に使って、〈日米を戦わせろ〉を、どう実行したか。

ドンは、証拠と推論をまぜての話だが、とまえ置きしてから話しはじめた。

「ハル・ノートは、二つあったわけだよね。第一案はホワイト財務次官補の草案だけど、第二案はハルが主導して国務省が草案を作り、こちらはかなり譲歩した内容で、日本が提案した乙案に近いものだったらしい。ところがその第二案を手交する機会がないまま、戦争になってしまったから、世に出ることはなかった」

ハルも大統領も日米戦争を望んでいたわけではなかった。それまでの日本のやり方をみると、次々と提案事項を修正してくるのでうんざりしていたのは事実。

「過激すぎて危ない提案だとはわかっていても、第一案で相手をかまして脅しをかけてから、第二案を提示するつもりだったと思う。それで、第一案のほうには、フィンランド人のコルホネンがモスクワの指示をホワイトに伝え、それを案文に盛り込んだ、という流れだ」

具体的にどんな仕掛けがしてあったのか。

「まず冒頭の〈厳秘、一時的かつ拘束力ナシ〉。専門家によると、外交文書の頭に、こんな文言をつけるのはめずらしい。まあ正式な外交文書というより、ハル・ノートは〈覚書〉だから、それでもいいらしい」

日本の大使と、アメリカ国務省長官との、つばぜり合いの外交交渉でやりとりした書類だから、日本側は正式な外交文書ととってしまう。そこが狙いだった。

「〈厳秘〉は普通に使うけど、〈一時的かつ拘束力ナシ〉は、相手がすんなり入り込めるように、入り口をわざわざ開けていることになる」

この覚書を読んだ日本側が頭に血がのぼって開戦となった場合に、日本が勝手に打ってでたという正当性を、世界にアピールできるという。

「いざというとき国際世論から非難されないように、アメリカは、逃げの手を打っている。いつでもアメリカはそうさ」

日本には、リットン調査団の報告書や決議文を深読みできず、国際連盟を脱退したという前例もあった。日本に帰った松岡代表は、朝野の喝采を浴びた。その光景もアメリカが日本人の考え方を知る大きな機会だった。

「その後の日米交渉の席で、日本が何度も〈満州国の存在は否定しませんね〉と念押しするたびに、アメリカは、〈承認はできないが黙認する〉という返事だった。

アメリカの外交専門家も、あれはじつにうまいアンサーだったと言っている。いざとなれば、〈もう黙認できなくなった〉で済み、言質《げんち》もとられない。だからハル・ノートでは、ホワイト次官補らは〈蔣介石政権の中華民国〉とわかりやすくしないで、領土名のChinaで通していた。単純思考の日本人には効果的とみた。モスクワの指令にはこれで十分応えられる、とコルホネンもホワイトも考えたはずだ」

そのあとのダメ押しは、英・支・日・蘭・ソ・泰・米七ヵ国間の不可侵条約の締結。日本はこれで身動きがとれなくなった。蘭印の石油にも、手をつけられないのだから、あとは日本の暴発を待つのみ。これにもモスクワの意思が関与していたとみていいだろう。

日本がもっと冷静に、たとえばChinaに満州が含まれているかどうか、野村大使に訓電を打って確かめ、ハルの言質をとっていたら、どうなったろうか。あるいはまた、野村が日本指導部に対し、くれぐれも中国と満州を混同せぬよう、釘を差すという、丹念かつ周到なコミュニケーションがとれていたら、交渉は継続し、開戦は回避できたのではないだろうか。

「ほかのことは何でも飲むから、満州だけは譲れないと主張すれば、ハルも大統領も万々歳だった」

蔣介石も中国から日本軍が完全に撤兵すれば、満州国は承認してもいいと言っていた。日本がほかの条件も飲めば、アメリカは石油の禁輸も解いていただろう。

「そうなったらモスクワは困ったろう。ハル・ノートは、本交渉に進むためのたたき台にすぎませんよ、と明言していたのだから、日本はあわてる必要はなかった」

「アメリカの戦略はシンプル。二つの選択肢だけだから。一つは、〈満州の背後に控えた共産主義の脅威を考えて、戦わずして日本を米側陣営に引き入れる〉。もう一つは最悪の場合だけど、〈日本を潰して強引に引き入れ、不沈空母化する〉。その二つだけだった」

「結局、日本の出方をうかがうためにホワイト次官補らの作成した、第一案でジャブを送る。そのあとの本交渉の席で、日本を自分たちの陣営に引き込んで、枢軸側の一角を切り崩す。これがローズヴェルトの秘策中の秘策だったんだ」

結局戦争にしたのだから、日米双方が外交に失敗したということになる。

だがそれ以前に、日本の世界戦略の幼稚さだけが際立つ結果となってしまった。

おわりに

日本にとって大東亜戦争は、満州に始まり満州で終わったといって過言ではなかった。満州の国造りにかかわってきた人間たちは、この戦争をどうみていたのか。

開戦から一週間がたった日の午後、満州の新京から東京に出張でできた国務院の武藤富雄が、商工省の大臣室に、岸信介をひっそりと訪ねてきた。

「ドエライことになりましたが、大丈夫でしょうか」

これから先の見通しを聞きに立ち寄ったのだが、岸は声をひそめて、

「真珠湾やマレー沖の戦果は、日本の実力ではないからね。国民も軍も有頂天になっているが、実はこれからが大変なんだ。東条なんて、橋本欣五郎《はしもときんごろう》（陸軍大佐）以下の男だからね。この戦はどうみても勝ち目はないから、どこかで講和の道を探らないといけない。真珠湾をやっていなければ、シンガポールが落ちたときがチャン

スなんだが、あれはまずかったな。獅子《しし》の尾っぽを思い切り踏みつけて、逃げ帰ってきた真珠湾攻撃なんか世紀の愚行だよ」

満州や東京の浮かれた調子と違う、岸の思いつめた顔付きに武藤は戸惑ったものの、この戦争の指導的立場にいる、岸の重責を思わずにはいられなかった。

「満鉄調査部で聞いてきた話ですが、海軍の備蓄量は秘密裏に保有していた分を含めると、千二百万トンあるから、計算上では二年間はもつことになるというんです。だったら焦らずに、日米交渉をつづけるべきだったのでは、と思うのですが……」

「われわれ文官と艦隊を動かしている海軍軍人では、感覚的に違うからね」

と、岸が言ってから、しばらく沈黙がつづいた。

「ところで岸さん。満州はこれからどうなりますか」

「そのことだがね。日本の兵站《へいたん》基地となって、増産、増産でいくよりほかはない。われわれがめざした満州とはほど遠くなるが、古海《ふるみ》君をリーダーに、君と甘粕《あまかす》さんが補佐役になって、がんばってもらうよりほかはないのだよ。それから最後は日本人らしく有終の美を飾ってもらいたい。内地のほうでは、焼け跡からの復興と繁栄をになうのは満州でつちかった技術と〝見はてぬ夢〟を実現する意志力だな。こんな戦争までしてしまったのは、結局、政治家が無力だったからだよ」

　武藤はうなずいて相づちを打った。

「確かに、強い指導力をもった政治家が不在で、世界戦略、外交戦略がなかったですね。しかも統帥権を盾に、軍閥が政治を握っているようではね」

「あの連中には、大局的視野なんかないんだよ。自分たちの椅子で物事を考える、薄い思考が幅をきかすようでは、アメリカ、ソ連、ドイツ、支那を相手の外交に、安定した道筋をつけることができないのは当たりまえだな。豊富な資源と国力を背景に、力の外交を押し進めるアメリカの壁を突き破ることなど、できようもなかったんだ。米国と共存共栄をめざす道はあったけどね」

「結局、戦争になってしまった直接の要因は、何でしょうか？」

「蚊帳の外の近衛なんか論外で、枢軸国一辺倒の外務省主流派と、これまた枢軸国を天恵のごとく崇《あが》めた陸軍主流派の合作だよ。一言でいえば三国同盟が主犯だな」

「……。ところで岸さんはこれからどうします？」

「やれるところまで死に物狂いでやるさ。そのあとは、いったん野にくだって、日本の再生に全力を尽くす。まだ、若いときの夢は捨てていないよ。でもまだ先のことだな」

岸は寂しそうな顔をした。

商工省の正面玄関で、二人は握手して別れた。見送ってくれている岸の視線を背中に感じながら、武藤は東京を離れていった。満州へ帰る途次、武藤富雄は物思いにふけっていた。

――この戦争にいたった道程には、不可解なことが多すぎる。岸さんの言う〈外務省と陸軍双方の枢軸国派の主導〉でこうなってしまったのはわかるが、彼らを踊らせた第三国のワナがあったはずだ。それとももう一つ、日本側の解釈ミスもあるに違いない――。

判事出身の武藤には、原因から結果にいたる物事の過程の裏を探る嗅覚が身についていた。武藤ならずとも、この戦争の本質を問いただす必要があると感じていた者は多かった。だが武藤富雄は戦後になると官を退いて、教育者、聖職者の道に進み、いまや故人となり、自由な視点からみた〈満州国と太平洋戦争のかかわり〉の語り部《べ》が少なくなってしまったのは残念というほかはない。

＊

日露戦争では日本の戦時国債を数度にわたってアメリカ資本が引き受け、講和の仲介もし、極めて良好だった日米関係。その戦後処理において、国内世論に引きずられ、満州鉄道の米資本との共同経営が頓挫すると、以降、日本を仮想敵国とみなしていくことになった。日本の北進を恐れたソ連による駆け引き、防諜活動が活発化し、南進を余儀なくされ、否応なく日米開戦に誘導されていくことになる。ドイツ寄りが主流派となった外務省も、三国同盟・日ソ不可侵条約へと動く松岡洋佑の暴走を助長するのみだった。２２６事件以降、陸軍は統制派が主流となり全体主義に傾倒し、海軍にも条約派と艦隊派のせめぎあいがあり、日米交渉の最大の足枷となった日独伊三国同盟を捨て去ることもできず、長期戦ともなれば負けること必定であった戦争に突入することになる。昭和の歴史教科書では日米開戦は軍部の暴発とされてきたが、本書にあるように、ことはそう単純なものではない。

学者や文化人は国粋的思想の持ち主から攻撃を受け、治安維持法による弾圧は、戦前・戦中の、個人よりも国家・国体を優先する風潮・ムードを揺るぎないものとした。当局のしめつけは異常だった一方、多くの国民は大陸進出や開戦の熱に浮かされ、戦時体制に進んで協力し、その世論が開戦への最大の圧力となった。近年の研究では指導層中枢エリートのなかには、敗戦後社会変革を目指すような意識があったとも言われる。ミッドウェー海戦以降敗色濃厚となっても早期講和に動かなかったのもその証左だろう。国民国家よりも組織を優先し、終始無責任だったとしか言いようがない。一億総玉砕を叫び、国民と兵士、英霊の犠牲にうえに立って何を望んでいたのか。開戦の経緯が明らかになっても動機には新たな謎が残る。

それでも戦後の復興と経済成長は目覚ましかった。かつての軍需技術、大陸進出・満州国建設という経験が大きな役割を果たした。満州の曠野に世界最速の〈あじあ号〉を走らせた思想と技術は、東海道新幹線として甦った。その建設計画が国会で承認され、建設工事が着工したのはかの岸信介内閣の時代であった。

満州に夢を託した人々や日本にとっても、見果てぬ夢のつづきだったのである。

日本で語られている昭和史には、いつも物足りないものを感じていた。そんなとき、早稲田大学に本部を置くＮＰＯ法人インテリジェンス研究所が主催する、〈諜報研究会〉に顔をだしているうちに、ソ連の動きがいかに恐ろしいものであったか、あらためて知るようになった。ゾルゲ研究に夢中になっていた時期もあるが、日米戦争がテーマになってくると、若き日に四年十ヵ月の間、学生生活を送ったアメリカを再認識するようになった。それが後になって、ハーバード大学のホートゥン・ライブラリーやメリーランド大学内にある国立公文書館における資料の渉猟につながっていった。アメリカでのソ連の諜報活動、わけてもモスクワが送りこんでいた工作員たちの地下活動には、あらためて背筋が寒くなるのを覚えた。

本書は硬い研究書の記述形式を避け、戦前日本外交史を概観しつつ、登場人物の横顔、時にはその感情が読み取れるように努めたつもりである。その結果については、批判もあることは承知のうえで書いたが、こんな歴史物語の語り口もあるだろうという、わたしの意図をくみ取っていただければ幸いである。

二〇二〇年十一月　太田尚樹

参考文献

『実録 太平洋戦争 運命のD暗号』青山元著（戎光祥出版 二〇一二）
『東條秘書官機密日誌』赤松貞雄著（文藝春秋 一九八五）
『昭和史を動かしたアメリカ情報機関』有馬哲夫著（平凡社新書 二〇〇九）
『開戦前夜の「グッバイ・ジャパン」』伊藤三郎著（現代企画室 二〇一〇）
『われらの生涯のなかの中国』伊藤武雄・松本重治ほか著（みすず書房 一九八三）
『開戦前夜の近衛内閣 満鉄「東京時事資料月報」の尾崎秀実政治情勢報告』尾崎秀実・今井清一編著（青木書店 一九九四）
『新版 昭和の妖怪 岸信介』岩見隆夫著（朝日ソノラマ 一九九四）
『近衛文麿』岡義武著（岩波新書 一九七二）
『尾崎秀実著作集 1～5』尾崎秀実著（勁草書房 一九七九）
『日米外交史料』外務省編（外務省外交史料館 一九七八）
『日本外交史 23 日米交渉』加瀬俊一著（鹿島平和研究所 一九七〇）
『実録 満鉄調査部 上・下』草柳大蔵著（朝日新聞社 一九七九）
『大本営陸軍部戦争指導班 機密戦争日誌』上・下巻 軍事史学会編（錦正社 一九九八）
『ゾルゲの日米開戦 激浪篇』斎藤道一著（日本経済評論社 一九八七）
『第二次世界大戦下のヨーロッパ』笹本駿二著（岩波新書 一九七〇）
『第二次世界大戦前夜 ヨーロッパ1939年』笹本駿二著（岩波書店 一九六九）
『杉山メモ』上・下巻 参謀本部編（原書房 一九六七）

『国際スパイ　ゾルゲの真実』ＮＨＫ取材班　下斗米伸夫著（角川書店　一九九二）
『米国公文書　ゾルゲ事件資料集』白井久也編著（社会評論社　二〇〇七）
『瀬島龍三回想録　幾山河』瀬島龍三著（産経新聞ニュースサービス　一九九五）
『大東亜戦争の実相』瀬島龍三著（ＰＨＰ　一九九八）
『挫折した理想国　満洲国興亡の真相』片倉衷・古海忠之著（現代ブック社　一九六七）
『天皇の戦争責任』加藤典洋・橋爪大三郎・竹田青嗣著（径書房　二〇〇〇）
『紳士の国のインテリジェンス』川成洋著（集英社新書　二〇〇七）
『木戸幸一日記　東京裁判期　上・下』木戸幸一著（東京大学出版会　一九八〇）
『泡沫の三十五年　日米交渉秘史』来栖三郎著（中公文庫　一九八六）
『日中戦争』現代史資料（みすず書房　一九六六）
『満洲事変』現代史資料（みすず書房　一九六四）
『続・満洲事変』現代史資料（みすず書房　一九六五）
『樺山愛輔翁』国際文化会館編（国際文化会館　一九九五）
『昭和の戦争　ジャーナリストの証言　８　諜報戦争』今野勉編（講談社　一九八五）
『満洲国「民族協和」の実像』塚瀬進著（吉川弘文館　一九九八）
『証言　私の昭和史』一～六巻　東京12チャンネル報道部編（學藝書林　一九六九）
『ドキュメント昭和　上海共同租界　事変前夜』ＮＨＫ〝ドキュメント昭和〟取材班編（角川書店　一九八六）
『日本外交文書　日中戦争』（全四巻）外務省編（外務省　二〇一一）
『昭和天皇独白録　寺崎英成御用掛日記』寺崎英成著（文藝春秋　一九九一）
『東條英機』東條英機刊行会　上法快男編（芙蓉書房　一九七四）
『米国に使して　日米交渉の回顧』野村吉三郎著（岩波書店　一九四六）

『全記録ハルビン特務機関　関東軍情報部の軌跡』西原征夫著（毎日新聞社　一九八〇）
『大戦前夜の諜報戦』畠山清行著（サンケイ新聞出版局　一九六七）
『大東亜戦争全史』服部卓四郎著（原書房　一九六六）
『岸信介　権勢の政治家』原彬久著（岩波新書　一九九五）
『岸信介証言録』原彬久著（毎日新聞社　二〇〇三）
『西園寺公と政局　一〜八巻』原田熊雄著（岩波書店　二〇〇七）
『F（藤原）機関　アジア解放を夢みた特務機関長の手記』藤原岩市著（バジリコ　二〇一二）
『忘れ得ぬ満洲国』古海忠之著（経済往来社　一九七八）
『大本營陸軍部 3』防衛庁防衛研修所戦史室編（朝雲新聞社　一九七〇）
『見果てぬ夢　満州国外史』星野直樹著（ダイヤモンド社　一九六三）
「岸信介来り又去る」星野直樹著（『特集文藝春秋・人物読本』一九五七）
『満洲國史　総論』（満洲国史編纂刊行会編　一九七〇）
『満洲國史　各論』（満洲国史編纂刊行会編　一九七一）
『私と満州国』武藤富男著（文藝春秋　一九八八）
『上海時代（上・中・下）』松本重治著（中公新書　一九七四）
『財団法人　満鉄会小史』（満鉄会　一九八五）
『満鉄調査部と尾崎秀実』宮西義雄著（亜紀書房　一九八三）
『秘録　石原莞爾』横山臣平著（芙蓉書房出版　一九七一）
『私の履歴書　鮎川義介』日本経済新聞社編（日本経済新聞社　一九六五）
『満洲事変の国際的背景』渡辺明著（国書刊行会　一九八九）
『赤色スパイ団の全貌　ゾルゲ事件』C・ウィロビー著　福田太郎訳（東西南北社　一九五三）

『日・米・英「諜報機関」の太平洋戦争』リチャード・オルドリッチ著　会田弘継訳（光文社　二〇〇三）
『ハル回顧録』コーデル・ハル著　宮地健次郎訳（中公文庫　二〇一四）
『ゾルゲ事件　獄中手記』リヒアルト・ゾルゲ著（岩波書店　二〇〇三）
『諜報の技術』アレン・ダレス著　鹿島守之助訳（鹿島研究所出版会　一九六五）
『諜報　情報機関の使命』ゲルト・ブッフハイト著　北原収訳（三修社　一九七二）
『「満州国」見聞記リットン調査団同行記』ハインリッヒ・シュネー著　金森誠也訳（新人物往来社　一九八八）
『天皇ヒロヒト』レナード・モズレー著　高田市太郎訳（毎日新聞社　一九六六）
『東條英機』ロバート・ビュートー著　木下秀夫訳（時事通信社　一九六一）
『スガモ尋問調書』ジョン・G・ルース著　山田寛訳　日暮吉延監修（読売新聞社　一九九五）
『諜報・工作』ラインハルト・ゲーレン著　赤羽竜夫訳（読売新聞社　一九七三）
『「ゾルゲ」世界を変えた男』C・ゴリャコフほか著　寺谷弘壬訳（パシフィカ　一九八〇）
『平和はいかに失われたか』ジョン・アントワープ・マクマリー原著　アーサー・ウォルドロン編著　北岡信一監訳　衣川宏訳（原書房　一九九七）
『リヒアルト・ゾルゲ』マリア・コレスニコワほか著　中山一郎訳（朝日新聞　一九七三）
『日米外交秘史』F・モアー著　寺田喜治郎ほか訳（法政大学出版局　一九五一）
Lewin, Ronald, *The American Magic*, Farrar Straus & Giroux, 1982
Smith, Richard Harris, *OSS*（注：戦略情報局）, University of California Press, 1972
Zacharias, Ellis M, *Secret Missions*, G. P. Putnam's Sons, 1946
"Register of the Stanley K. Hornbeck Papers, 1900-1966" Online Archive of California

外交文書を採録した資料館

米国国立公文書館（在メリーランド大学、及びワシントンD．C．）
（外交関係文書、電文、切り抜き等）
ハーバード大学ホートン・ライブラリー
（ジョセフ・グルー関係書簡、覚書、写真他）
外務省外交史料館（在東京・港区）
国立国会図書館憲政資料室（在東京・千代田区）
一般社団法人 日米協会（在東京・港区）

本書は書下ろしです。

作中に、現代では不適切とされうる表現がありますが、当時の世相・背景・時代を正確に伝えるため、当時の表現を一部そのまま使用しております。

|著者| 太田尚樹　1941年、東京都生まれ。東海大学名誉教授。
著書に、『ヨーロッパに消えたサムライたち』（ちくま文庫）、『死は易きことなり　陸軍大将山下奉文の決断』『赤い諜報員　ゾルゲ、尾崎秀実、そしてスメドレー』『愛新覚羅　王女の悲劇――川島芳子の謎』『天皇と特攻隊』（以上、講談社）、『満州裏史　甘粕正彦と岸信介が背負ったもの』（講談社文庫）、『明治のサムライ　「武士道」新渡戸稲造、軍部とたたかう』（文春新書）、『伝説の日中文化サロン　上海・内山書店』（平凡社新書）、『東条英機と阿片の闇』（角川ソフィア文庫）、『岩崎弥太郎伝　土佐の悪太郎と明治維新』（角川学芸出版）などがある。

世紀《せいき》の愚行《ぐこう》　太平洋戦争《たいへいようせんそう》・日米開戦前夜《にちべいかいせんぜんや》
日本外交失敗《にっぽんがいこうしっぱい》の本質《ほんしつ》　リットン報告書《ほうこくしょ》からハル・ノートへ
太田尚樹《おおたなおき》

講談社文庫
定価はカバーに
表示してあります

2020年11月13日第1刷発行

発行者――渡瀬昌彦
発行所――株式会社　講談社
東京都文京区音羽2-12-21　〒112-8001
電話　出版（03）5395-3510
　　　販売（03）5395-5817
　　　業務（03）5395-3615
Printed in Japan

デザイン―菊地信義
本文データ制作―講談社デジタル製作
印刷―――豊国印刷株式会社
製本―――株式会社国宝社

ISBN978-4-06-521497-8

講談社文庫刊行の辞

二十一世紀の到来を目睫に望みながら、われわれはいま、人類史上かつて例を見ない巨大な転換期をむかえようとしている。

世界も、日本も、激動の予兆に対する期待とおののきを内に蔵して、未知の時代に歩み入ろうとしている。このときにあたり、創業の人野間清治の「ナショナル・エデュケイター」への志を現代に甦らせようと意図して、われわれはここに古今の文芸作品はいうまでもなく、ひろく人文・社会・自然の諸科学から東西の名著を網羅する、新しい綜合文庫の発刊を決意した。

激動の転換期はまた断絶の時代である。われわれは戦後二十五年間の出版文化のありかたへの深い反省をこめて、この断絶の時代にあえて人間的な持続を求めようとする。いたずらに浮薄な商業主義のあだ花を追い求めることなく、長期にわたって良書に生命をあたえようとつとめるところにしか、今後の出版文化の真の繁栄はあり得ないと信じるからである。

同時にわれわれはこの綜合文庫の刊行を通じて、人文・社会・自然の諸科学が、結局人間の学にほかならないことを立証しようと願っている。かつて知識とは、「汝自身を知る」ことにつきていた。現代社会の瑣末な情報の氾濫のなかから、力強い知識の源泉を掘り起し、技術文明のただなかに、生きた人間の姿を復活させること。それこそわれわれの切なる希求である。

われわれは権威に盲従せず、俗流に媚びることなく、渾然一体となって日本の「草の根」をかたちづくる若く新しい世代の人々に、心をこめてこの新しい綜合文庫をおくり届けたい。それは知識の泉であるとともに感受性のふるさとであり、もっとも有機的に組織され、社会に開かれた万人のための大学をめざしている。大方の支援と協力を衷心より切望してやまない。

一九七一年七月

野間省一

講談社文庫 最新刊

浅田次郎　おもかげ
定年の日に地下鉄で倒れた男に訪れた、特別な時間。究極の愛を描く浅田次郎の新たな代表作。

神永　学　悪魔と呼ばれた男
「心霊探偵八雲」シリーズの神永学による予測不能の本格警察ミステリー——開幕！

濱　嘉之　院内刑事《デカ》　ザ・パンデミック
「絶対に医療崩壊はさせない！」元警視庁公安・廣瀬知剛は新型コロナとどう戦うのか？

堂場瞬一　ネタ元
五つの時代を舞台に、特ダネを追う新聞記者たちの姿を描く、リアリティ抜群の短編集！

橘　もも　原作：ヤマシタトモコ　脚本：相沢友子　さんかく窓の外側は夜〈映画版ノベライズ〉
霊が「視《み》える」三角《みかど》と「祓《はら》える」冷川《ひやかわ》。二人の〝運命〟の出会いはある事件に繋がっていく。

東山彰良　女の子のことばかり考えていたら、1年が経っていた。
女性との恋愛のことで頭が満ちすぎている男たちの哀しくも笑わされる青春ストーリー。

麻見和史　凪《なぎ》の残響〈警視庁殺人分析班〉
切断された四本の指、警察への異様な音声メッセージ。予測不可能な犯人の狙いを暴け！

夏原エキジ　Ｃｏｃｏｏｎ２〈蠱惑の焰〉
羽化する鬼、犬の歯を持つ鬼、そして〝生き鬼〟。瑠璃《るり》の前に新たな敵が立ち塞がる！

久坂部　羊　祝葬
人生１００年時代、いい死に時とはいつなのか？　現役医師が「超高齢化社会」を描く！

講談社文芸文庫

笙野頼子
海獣・呼ぶ植物・夢の死体
初期幻視小説集

解説＝菅野昭正　年譜＝山﨑眞紀子

体と心の「痛み」と向き合う日々が見せたこの世ならぬものたちを、透明感あふれる筆致で描き出した初期作品五篇。現在から当時を見つめる書下ろし「記憶カメラ」併録。

ＬＬ４

978-4-06-521790-0

笙野頼子
猫道
単身転々小説集

解説＝平田俊子　年譜＝山﨑眞紀子

自らの住まいへの違和感から引っ越しを繰り返すうちに猫たちと運命的に出会い、彼らと安全に暮らせる空間が「居場所」に。笙野文学の確かな足跡を示す作品集。

ＬＬ３

978-4-06-290341-7

荻原 浩 家族写真
小野正嗣 九年前の祈り
大友信彦 釜石の夢〈被災地でワールドカップを〉
大友信彦 オールブラックスが強い理由〈世界最強チーム勝利のメソッド〉
乙一 銃とチョコレート
織守《おりがみ》きょうや 霊感検定
織守きょうや 霊感検定〈心霊アイドルの憂鬱〉
織守きょうや 霊感検定〈春にして君を離れ〉
織守きょうや 少女は鳥籠《とりかご》で眠らない
岡本哲志《さとし》 銀座を歩く〈四百年の歴史体験〉
クァク・ジェヨン原案 鬼塚 忠著 風の色
おーなり由子 きれいな色とことば
岡崎琢磨 病弱探偵〈謎は彼女の特効薬〉
小野寺史宣《ふみのり》 その愛の程度
小野寺史宣 近いはずの人
小野寺史宣 それ自体が奇跡
大崎 梢 横濱エトランゼ
小竹正人 空に住む
海音寺潮五郎 新装版 江戸城大奥列伝

海音寺潮五郎 新装版 孫子(上)(下)
海音寺潮五郎 新装版 赤穂義士
加賀乙彦 新装版 高山右近
加賀乙彦 ザビエルとその弟子
柏葉幸子 ミラクル・ファミリー
勝目 梓 小説家
勝目 梓 ある殺人者の回想
鎌田 慧 残夢〈大逆事件を生き抜いた坂本清馬の生涯〉
桂 米朝 米朝ばなし〈上方落語地図〉
笠井 潔 梟《ふくろう》の巨《おおい》なる黄昏《たそがれ》
笠井 潔 青銅の悲劇(上)(下)〈瀕死の王〉
川田弥一郎 白く長い廊下
神崎京介 女薫の旅 激情たぎる
神崎京介 女薫の旅 奔流あふれ
神崎京介 女薫の旅 陶酔めぐる
神崎京介 女薫の旅 衝動はぜて
神崎京介 女薫の旅 放心とろり
神崎京介 女薫の旅 感涙はてる
神崎京介 女薫の旅 耽溺《たんでき》まみれ

神崎京介 女薫の旅 誘惑おって
神崎京介 女薫の旅 秘に触れ
神崎京介 女薫の旅 禁の園へ
神崎京介 女薫の旅 欲の極み
神崎京介 女薫の旅 青い乱れ
神崎京介 女薫の旅 奥に裏に
神崎京介 I LOVE
神崎京介 美人と張形〈四つ目屋繁盛記〉
加納朋子 ガラスの麒麟
角田光代 まどろむ夜のUFO
角田光代 夜かかる虹
角田光代 恋するように旅をして
角田光代 庭の桜、隣の犬
角田光代 人生ベストテン
角田光代 ロック母
角田光代 彼女のこんだて帖
角田光代 ひそやかな花園
川端裕人 せちやん〈星を聴く人〉
川端裕人 星と半月の海

講談社文庫 目録

2020年9月15日現在